Bu Tür Nitelikleri Yasaklayan Yasa Yoktur

Ruh'un Meyvesi

Bu Tür Nitelikleri Yasaklayan Yasa Yoktur

Dr. Jaerock Lee

Bu Tür Nitelikleri Yasaklayan Yasa Yoktur Yazar: Dr. Jaerock Lee
Urim Kitapları tarafından yayınlanmıştır (Temsilci: Johnny. H. Kim)
73, Yeouidaebang-ro 22-gil, Dongjak-gu, Seoul, Korea
www.urimbooks.com

Yayınevinin yazılı izni olmadan bu yayının herhangi bir biçimde çoğaltılması, bilgisayar ortamında kullanılması, fotokopi yoluyla dağıtılması veya herhangi bir şekilde (elektronik, mekanik, kayıt) yayınlanması yasaktır.

Aksi belirtilmedikçe, tüm alıntılar Türkçe Kutsal Kitap'tan alınmıştır. Eski Antlaşma © The Bible Society in Turkey, 2001 Yeni Antlaşma © Thre Translation Trust, 1987, 1994, 2001.

Telif Hakkı © 2016 Dr. Jaerock Lee
ISBN: 979-11-263-1143-9 03230
Çeviri Hakkı © 2014 Dr. Esther K. Chung. İzin alınmıştır.

Prva izdaja: Oktober 2013

Daha önce Kore dilinde Urim Kitapları tarafından 2009 yılında yayınlanmıştır.

İlk Baskı Mayıs 2016

Editör: Dr. Geumsun Vin
Urim Kitapları Yazı İşleri Ofisi tarafından tasarlanmıştır.
Prione Matbaacılık tarafından basılmıştır
Daha fazla bilgi için: urimbook@hotmail.com

"Ruh'un ürünüyse sevgi, sevinç, esenlik, sabır, şefkat, iyilik, bağlılık, yumuşak huyluluk ve özdenetimdir. Bu tür nitelikleri yasaklayan yasa yoktur."
(Galatyalılar 5:22-23)

Önsöz

Hristiyanlar, Kutsal Ruh'un meyvelerini verdikçe hiç bir yasanın yasaklamadığı gerçek özgürlüğü elde edecekler.

Herkes kendi içinde bulunduğu koşullarca kurallara ve düzenlemelere uymak zorundadır. Eğer böylesi yasaların kendilerini bağlayan parangalar olduğunu hissederlerse yük ve acı duyarlar. Sefahat ve düzensizlik yolunda gittikleri takdirde yük hissedeceklerinden bu, özgürlük değildir. Böyle şeylere bulaştıktan sonra sadece boşluk hissine terk edilecek ve sonunda onları sadece ebedi ölüm bekleyecektir.

Gerçek özgürlük, ebedi ölümden ve tüm gözyaşları, keder ve acıdan azat olmaktır. Ayrıca bize bu tür şeyleri veren orijinal doğamızı kontrol etmek ve onlara boyun eğdirecek gücü kazanmaktır. Sevgi Tanrısı hiçbir şekilde sıkıntı çekmemizi istemez ve bu nedenle İncil'de sonsuz yaşamın ve gerçek özgürlüğün tadını çıkarmanın yollarını yazmıştır.

Suçlular ya da ülkenin yasasını çiğneyenler, polis gördükleri zaman telaşlanırlar. Fakat yasalara gayet güzel uyanların böyle hissetmelerine gerek yoktur; aksine her zaman yardım için polise başvurabilir ve polisle daha güvende hissederler.

Aynı şekilde gerçekte yaşayanların hiçbir şeyden korkmalarına gerek yoktur ve gerçek özgürlüğün tadını çıkarabilirler çünkü Tanrı'nın yasasının kutsamalara açılan yol olduğunu anlarlar. Tıpkı okyanusta yüzen balinalar ve göklerde uçan kartallar gibi özgürlüğün tadını çıkarabilirler.

Tanrı'nın yasası ekseriyetle dörde ayrılır. Bizlere ne yapacağımızı, neyi yapmayacağımızı, neyi tutacağımızı ve belli şeyleri söküp atmamızı söyler. Günler geçtikçe dünya daha fazla günah ve kötülükle lekelenmektedir ve bu sebeple daha fazla insan Tanrı'nın yasasını yük olarak görür ve tutmaz. Eski Ahit zamanı İsrail halkı Musa'nın Yasasını tutmadıkları zaman büyük sıkıntı çektiler.

Böylece Tanrı, Yasanın lanetinden herkesi azat etmek için yeryüzüne İsa'ya gönderdi. Günahsız İsa, çarmıhta öldü ve O'na inanan herkes iman yoluyla kurtulabilir. İsa Mesih'e iman ederek Kutsal Ruh'u alan insanlar Tanrı'nın çocukları olurlar ve ayrıca Kutsal Ruh'un rehberliğinde Kutsal Ruh'un meyvelerini verebilirler.

Kutsal Ruh yüreklerimize geldiğinde Tanrı'nın derin şeylerini anlamamıza ve Tanrı'nın Sözüne göre yaşamamıza yardım eder. Örneğin gerçekten bağışlayamadığımız biri varsa, bizlere Rab'bin bağışlayıcılığını ve sevgisini hatırlatır, o kişiyi bağışlamamıza yardımcı olur. O zaman hızla yüreklerimizden kötülüğü söküp atabilir ve yerine iyilikle sevgiyi koyabiliriz. Bu şekilde Kutsal Ruh'un rehberliğiyle Kutsal Ruh'un meyvelerini verdikçe sadece gerçekteki özgürlüğün tadına varmakla kalmayacak ama ayrıca Tanrı'nın taşan sevgisi ve kutsamalarını da alacağız.

Ruh'un meyvesi yoluyla nasıl kutsallaşacağımızı, Tanrı'nın tahtına nasıl yaklaşacağımızı ve güveyimiz olan Rab'bin yüreğini ne kadar yetiştirdiğimizi kontrol edebiliriz. Ruh'un meyvesini ne kadar verirsek, o kadar parlak ve güzel bir göksel yere gireriz. Göklerdeki Yeni Yeruşalim'e girmek için sadece bir kaçını değil, tüm meyveleri tamamıyla vermeliyiz.

Bu Tür Nitelikleri Yasaklayan Yasa Yoktur adlı bu çalışma, belli örneklerle Kutsal Ruh'un dokuz meyvesinin anlamını kolayca öğrenmenizi sağlar. 1. Korintliler 13 bölümünde yer alan Ruhani Sevgi ve Matta 5. Bölümde yer alan Gerçek Mutlulukla birlikte Kutsal Ruh'un dokuz meyvesi, doğru bir imana doğru bize rehberlik eden tabeladır. Son varış noktamız Yeni Yeruşalim'e ulaşana dek bizlere öncülük ederler.

Yazı işleri müdürü Geumsun Vin'e ve çalışanlarına teşekkür eder, bu kitap vesilesiyle hızla Kutsal Ruh'un dokuz meyvesini vererek gerçek özgürlüğün tadına varmanız ve Yeni Yeruşalim sakinleri olmanız için Rab'bin adıyla dua ederim.

Jaerock Lee

Giriş

Göklerdeki Yeni Yeruşalim'e İmandaki Yolculuğumuzun Tabelası

Bu modern dünyada herkes meşguldür. Pek çok şeye sahip olmak ve pek çok şeyin tadını çıkarmak için çalışır didinirler. Ve yinede bazı insanların, dünyadaki eğilime rağmen kendilerine has yaşam amaçları vardır, ama zaman zaman bu insanlar bile doğru bir yaşam sürdürüp sürdürmediklerini düşünebilirler. Ve sonra bir gün geriye dönüp yaşamlarını gözden geçirebilirler. İman yolculuğumuzda kendimizi Tanrı'nın Sözüyle gözden geçirdiğimizde hızla gelişebilir ve göksel egemenliğe kestirme yolu alabiliriz.

Birinci bölüm 'Ruh'un meyvesini vermek', Âdem'in günahı yüzünden ölü olan ruhu dirilten Kutsal Ruh'u anlatır. Kutsal Ruh'un arzuları ardınca gittiğimiz takdirde O'nun meyvelerini bolca verebileceğimizi bizlere anlatır.

İkinci bölüm 'Sevgi', Ruh'un ilk meyvesi olan 'sevginin' ne olduğunu bizlere anlatır. Âdem'in günahından beri bozulmuş olan sevginin biçimlerini bizlere gösterir ve Tanrı'yı hoşnut eden sevgiyi yetiştirmenin yollarını bize sunar.

Üçüncü bölüm 'Sevinç', imanımızın uygun olup olmadığımızı denetlemenin ana kriterinin sevinç olduğunu söyler ve ilk sevginin sevincini neden kaybettiğimizi açıklar. Her türlü koşul ve altında sevinebileceğimiz ve hoşnut olacağımız sevincin meyvesini vermenin üç yolu konusunda bizi bilgilendirir.

Dördüncü bölüm 'Esenlik', Tanrı'yla esenlik içinde olmamız için günah duvarlarının yıkılmasının, kendimizle olduğu kadar herkesle esenlik içinde olmamızın önemini belirtir. Ayrıca esenlik tesis etme sürecinde iyi sözlerle konuşmanın ve başkalarının bakış açısından düşünmenin önemini anlamımızı sağlar.

Beşinci bölüm 'Sabır', gerçek sabrın zorlu duyguları bastırmak değil, ama kötülükten muaf iyi bir yürekle sabırlı olmak olduğunu ve gerçek esenliğe sahip olduğumuzda büyük kutsamalara nail olacağımızı açıklar. Ayrıca üç çeşit sabrı derinlemesine inceler: Kişinin yüreğini değiştirmek için gösterdiği sabır; başkalarına olan sabır ve Tanrı'yla olan sabır.

Altıncı bölüm 'Şefkat', Rab'bin örneğine göre nasıl bir insanın şefkat sahibi olduğunu bizlere öğretir. Şefkatin özelliklerini inceleyerek ayrıca 'sevgiden' farkını bizlere anlatır. Ve son olarak Tanrı'nın sevgi ve kutsamalarını alacağımız yolu bize gösterir.

Yedinci bölüm 'İyilik', çekişip bağırmamış, ezilmiş kamışı kırmamış ve tüten fitili söndürmemiş Rab'bin örneğiyle iyiliğin yüreğini bizlere anlatır. Ayrıca iyiliği diğer meyvelerden ayırır ki iyiliğin meyvesini ve Mesih'in kokusunu verebilelim.

Sekizinci bölüm 'Bağlılık', Tanrı'nın bütün evinde sadık olduğumuzda ne tür kutsamaları alacağımızı bize anlatır. Musa ve Yusuf örnekleriyle ne tür insanın bağlılık meyvesini verdiğini anlamamızı sağlar.

Dokuzuncu Bölüm 'Yumuşak Huyluluk', Tanrı'nın nazarında yumuşak huyluluğun anlamını açıklar ve yumuşak huyluluğun meyvesini verenlerin özelliklerini açıklar. Yumuşak huyluluk meyvesini vermek için yapmamız gerekenler hususunda dört tip toprağın benzetmesini sunar. Ve sonunda yumuşak huylular için kutsamaları bizlere anlatır.

Onuncu Bölüm 'Özdenetim', özdenetimin önemi yanı sıra özdenetimin neden Kutsal Ruh'un dokuz meyvesi arasında sonuncu olduğunun sebebini ortaya koyar. Özdenetimin meyvesi, Kutsal Ruh'un diğer sekiz meyvesi üzerinde kontrol sahibi olan zaruri bir şeydir.

Onbirinci bölüm 'Bu Tür Nitelikleri Yasaklayan Yasa Yoktur', Kutsal Ruh'u izlemenin önemini anlamamıza yardım eden ve

Kutsal Ruh'un yardımıyla tüm okuyucuların hızla bütünüyle ruhun insanları olmasını dileyen bu kitabın son bölümüdür.

Uzunca bir zamandır inanlı olduğumuz ya da Kutsal Kitabı çok iyi bildiğimiz için büyük iman sahibi olduğumuzu söyleyemeyiz. İmanın ölçüsü, yüreklerimizi gerçeğin yüreğine dönüştürdüğümüz ve Rab'bin yüreğini yetiştirdiğimiz ölçüde fark edilir.

Tüm okuyucuların Kutsal Ruh'un yardımıyla imanlarını gözden geçirebilmelerini ve Kutsal Ruh'un dokuz meyvesini bolca verebilmelerini umut ediyorum.

__Geumsun Vin,__
Yazı İşleri Müdür

İÇİNDEKİLER
Bu Tür Nitelikleri Yasaklayan Yasa Yoktur

ÖNSÖZ · vii

Giriş · xi

1. Bölüm
Ruh'un meyvesini vermek — 1

2. Bölüm
Sevgi — 13

3. Bölüm
Sevinç — 29

4. Bölüm
Esenlik — 49

5. Bölüm
Sabır — 69

6. Bölüm

Şefkat   87

7. Bölüm

İyilik   103

8. Bölüm

Bağlılık   119

9. Bölüm

Yumuşak Huyluluk   137

10. Bölüm

Özdenetim   159

11. Bölüm

Bu tür nitelikleri yasaklayan yasa yoktur   175

Galatyalılar 5:16-21

"Şunu demek istiyorum: Kutsal Ruh'un yönetiminde yaşayın.

O zaman benliğin tutkularını asla yerine getirmezsiniz. Çünkü

benlik Ruh'a, Ruh da benliğe aykırı olanı arzular. Bunlar

birbirine karşıttır; sonuç olarak, istediğinizi yapamıyorsunuz.

Ruh'un yönetimindeyseniz, Yasa'ya bağımlı değilsiniz

Benliğin işleri bellidir. Bunlar fuhuş, pislik, sefahat,

putperestlik, büyücülük, düşmanlık, çekişme, kıskançlık,

öfke, bencil tutkular, ayrılıklar, bölünmeler, çekememezlik,

sarhoşluk, çılgın eğlenceler ve benzeri şeylerdir. Sizi daha

önce uyardığım gibi yine uyarıyorum, böyle davrananlar Tanrı

Egemenliği'ni miras alamayacaklar."

1. Bölüm

Ruh'un Meyvesini Vermek

Kutsal Ruh'un Ölü Ruhu Diriltmesi
Ruh'un Meyvesini Vermek
Kutsal Ruh'un ve Benliğin Arzuları
İyilik Yapmaktan Vazgeçmeyelim

Ruh'un Meyvesini Vermek

Açık bir otobanda seyreden sürücüler bunu bir şekilde ferahlatıcı bulurlar. Fakat o bölgede ilk kez araba kullanıyorlarsa yinede ekstra dikkatli olmak zorunda olurlardı. Peki, ama ya arabalarında GPS navigasyon sistemi varsa? Yolun detaylı bilgisine ve doğru kılavuza sahip olduklarından kaybolmadan varış noktalarına ulaşabilirler.

Göksel egemenliğe olan iman yolculuğumuz oldukça benzerdir. Tanrı'ya inanan ve sözüne göre yaşayanları Kutsal Ruh korur ve onlara rehberlik eder ki hayatın pek çok engel ve zorluklarından sakınabilsinler. Kutsal Ruh, varış noktamız olan göksel egemenliğe en kısa ve en kolay yoldan bizi taşır.

Kutsal Ruh'un Ölü Ruhu Diriltmesi

Tanrı'nın şekillendirip burnuna yaşam nefesini üflediği ilk insan Âdem yaşayan bir ruhtu. 'Yaşam nefesi', 'orijinal ışığın içerdiği güçtür' ve Aden Bahçesi'nde yaşarken Âdem'in torunlarına da geçmiştir.

Ancak Âdem ve Havva itaatsizlik günahını işlediklerinde ve kovulup yeryüzüne atıldıklarında hiçbir şey eskisi gibi olmamıştır. Tanrı, yaşam nefesinin çoğunu Âdem'le Havva'dan almış ve onun sadece ufak bir parçası olan 'yaşam tohumu' geriye kalmıştır. Ve bu yaşam tohumu, Âdem ile Havva'dan çocuklarına geçmez.

Dolayısıyla yaşam tohumunu, hamileliğin altıncı ayında bebeğin ruhuna Tanrı koyar ve insanın merkezi olan yüreğinin hücresinin çekirdeğine onu eker. İsa Mesih'e iman etmeyenlerde yaşam tohumu tıpkı sert bir kabukla kaplanmış tohum gibi etkisizdir. Yaşam tohumunun etkisiz olduğu hallerde ruhun ölü olduğunu söyleriz. Ruh ölü olduğu müddetçe bir kişi ne sonsuz yaşamı elde edebilir ne de göksel egemenliğe girebilir. Âdem'in günahından bu yana tüm insanlar ölüme mahkûmdurlar. Yeniden sonsuz yaşamı kazanabilmeleri için ölümün asıl sebebi olan günahlarından bağışlanmaları ve ölü ruhlarının dirilmesi gerekir. Bu sebeple sevgi Tanrısı biricik oğlunu kefaret olarak bu dünyaya göndermiş ve kurtuluş yolunu açmıştır. Kısaca İsa, tüm insanlığın günahlarını almış ve ölü ruhlarımızı diriltmek için çarmıhta ölmüştür. Sonsuz yaşamı elde etsinler diye tüm insanlar için yol, gerçek ve yaşam olmuştur.

Bu yüzden İsa Mesih'e Kurtarıcımız olarak iman ettiğimizde günahlarımız bağışlanır; Tanrı'nın çocukları olur ve Kutsal Ruh'u armağan olarak alırız. Kutsal Ruh'un gücüyle kabuk bağlamış ve uykuda olan yaşam tohumu uyanır ve etkin olur. İşte bu, ölü ruhun dirilmesidir. Bununla ilgili Yuhanna 3:6 ayeti şöyle der: "Ruh'tan doğan ruhtur." Filizlenen bir tohum ancak su ve güneş ışığı tedarik edildiğinde büyür. Aynı şekilde yaşam tohumuna da ruhani su ve ışık verilmelidir ki filizlendikten sonra gelişebilsin. Yani ruhlarımızın gelişmesi için ruhani su olan Tanrı'nın Sözünü öğrenmeli ve ruhani ışık olan Tanrı'nın sözüne göre yaşamalıyız.

Yüreklerimize yerleşen Kutsal Ruh günahı, doğruluğu ve yargıyı bilmemizi sağlar. Günahları ve yasa tanımazlığı söküp atmamıza ve doğruluk içinde yaşamamıza yardım eder. Bize güç verir ki gerçekte düşünebilelim, konuşabilelim ve davranabilelim.

Ayrıca imanla imanda bir yaşam sürdürmemize ve göksel egemenliğe umut beslememize yardım eder ki ruhumuz güzelce gelişsin. Daha iyi anlamanız için size bir örnek vereyim. Mutlu bir aile içinde yetişen bir çocuk düşünün. Bir gün bir dağa çıkar ve manzaraya bakarak, "Oley!" diye bağırır. Fakat bir başkası aynı şekilde, "Oley!" diyerek karşılık verir. Şaşkın çocuk, "Sende kimsin?" diye sorar ve diğeri aynı şekilde karşılık verir. Çocuk, kendisini taklit eden bu kişiye sinirlenir. "Benimle kavgaya tutuşmak mı istiyorsun?" der ve aynı kelimeler kendisine geri gelir. Aniden birinin kendini izlediğini hisseder ve korkar.

Hızla dağdan aşağı iner ve annesine bunu anlatır. "Anne, dağlarda gerçekten kötü bir adam var," der. Fakat annesi yumuşak bir gülümsemeyle, "Bence dağlarda iyi bir çocuk var ve senin dostun olabilir. Neden yarın yeniden dağa çıkıp ona üzgün olduğunu söylemiyorsun?" Ertesi gün çocuk tekrar dağın tepesine gider ve yüksek bir sesle, "Dün için üzgünüm. Neden benim arkadaşım olmuyorsun?" diye seslenir. Aynı yanıt geri gelir.

Anne, genç oğlunun kendi başına farkına varmasını sağlamıştır. Ve Kutsal Ruh, yumuşak huylu bir anne gibi imandaki yolculuğumuzda bize yardım eder.

Ruh'un Meyvesini Vermek

Bir tohum ekildiğinde filizlenir, gelişir ve açar. Açtıktan sonra bir sonucu vardır ki bu, meyvesidir. Benzer şekilde Tanrı tarafından ekilen yaşam tohumu Kutsal Ruh vesilesiyle filizlendiğinde gelişir ve Kutsal Ruh'un meyvelerini verir. Fakat Kutsal Ruh'u alan herkes Kutsal Ruh'un meyvelerini vermez. Ruh'un meyvelerini ancak Kutsal Ruh'un rehberliğini izlediğimizde verebiliriz. Kutsal Ruh, elektrik jeneratörüne benzetilebilir. Jeneratör çalıştığında elektrik üretilir. Eğer bu jeneratöre bir ampul bağlanırsa ve ampule elektrik verilirse, ampul ışık saçar. Işığın olduğu yerden karanlık uzaklaşır. Benzer şekilde Kutsal Ruh içimizde çalıştığında içimizdeki karanlık gider çünkü yüreğimize ışık gelmiştir O zaman Kutsal Ruh'un meyvelerini verebiliriz.

Bu arada burada önemli bir nokta vardır. Ampulün ışığı yayması için jeneratöre bağlanmasının bir önemi yoktur. Birinin jeneratörü çalıştırması gerekir. Tanrı, Kutsal Ruh diye adlandırılan jeneratörü bize bahşetmiştir ve Kutsal Ruh olan bu jeneratörü çalıştırması gerekenler bizleriz.

Kutsal Ruh jeneratörünü çalıştırmamız için uyanık olmalı ve kendimizi adayarak dua etmeliyiz. Ayrıca gerçeğin ardınca gitmek için Kutsal Ruh'un rehberliğine itaat etmeliyiz. Kutsal Ruh'un rehberliğini ve çağrısını izlediğimizde O'nun arzuları ardınca gittiğimizi söyleyebiliriz. Kutsal Ruh'un arzularını şevkle izlediğimizde Kutsal Ruh'la dolacağız ve bunu yaparken yüreklerimizle gerçekle değişecek. Kutsal Ruh'un doluluğunda oldukça Kutsal Ruh'un meyvelerini vereceğiz.

Tüm günahkâr doğayı yüreklerimizden söküp attığımızda ve Kutsal Ruh'un yardımıyla ruhun yüreğini yetiştirdiğimizde,

Kutsal Ruh'un meyveleri biçimlerini göstermeye başlar. Fakat aynı dal üzerindeki üzümlerin olgunlaşma hızı ve büyüklükleri nasıl farklıysa, Kutsal Ruh'un meyvelerinden bazıları olgunlaşırken diğerleri olgunlaşmaz. Bir kişi sevginin meyvesini bolca verirken, özdenetimin meyvesini yeterince veremez. Veyahut bir kişinin bağlılık meyvesi olgunken, yumuşak huyluluğun meyvesi değildir. Buna rağmen zaman geçtikçe üzümlerin her biri tamamen olgunlaşacaktır ve bütün dal büyük, koyu üzümlerle dolacaktır. Benzer şekilde Kutsal Ruh'un tüm meyvelerini tamamıyla vermemiz, Tanrı'nın kazanmayı oldukça arzuladığı bütünüyle ruhun insanına dönüştüğümüz anlamına gelir. Böyle insanlar, yaşamlarının her alanında Mesih'in kokusunu verirler. Kutsal Ruh'un sesini net duyacak ve Tanrı'yı yüceltecek şekilde Kutsal Ruh'un gücünü ortaya koyacaklardır. Tamamen Tanrı'ya benzediklerinden Tanrı'nın tahtının bulunduğu Yeni Yeruşalim'e girmeye hak kazanacaklardır.

Kutsal Ruh'un ve Benliğin Arzuları

Kutsal Ruh'un arzularını izlemeye çalıştığımızda bizi rahatsız eden bir başka çeşit arzu vardır. Bu, benliğin arzusudur. Benliğin arzuları, Tanrı'nın sözüne karşı olan gerçek olmayanı izler. Benliğin tutkusu, gözün tutkusu ve maddi yaşamın verdiği gurur gibi şeyleri almamızı sağlar. Ayrıca günah işlemeye, yasa tanınmamaya ve yalana bizi iter.

Kısa zaman önce müstehcen şeyler izlemeye bir son vermesi

için dua etmemi isteyen bir adam bana geldi. İlk başta bu tür şeyleri zevk için değil, ama insanları nasıl etkilediklerini anlamak için izlemeye başladığını söyledi. Fakat bir kez izledikten sonra sürekli o sahneleri hatırlamaya başlamış ve yeniden onları izlemeyi istemişti. Fakat içindeki Kutsal Ruh, bunu yapmaması için çağrıda bulunduğundan sıkıntılıydı.

Bu vakadaki adamın yüreği, gözlerinin gördükleri ve kulaklarının duydukları anlamına gelen gözün tutkularıyla altüst olmuştu. Eğer benliğin tutkularını kesip atamaz ama onları kabullenmeye devam edersek, kısa zamanda gerçeğe aykırı olan şeyleri iki katı, üç katı ve dört katı kabulleniriz ve bu sayı artmaya devam eder.

Bu sebeple Galatyalılar 5:16-18 ayetleri şöyle der: "Şunu demek istiyorum: Kutsal Ruh'un yönetiminde yaşayın. O zaman benliğin tutkularını asla yerine getirmezsiniz. Çünkü benlik Ruh'a, Ruh da benliğe aykırı olanı arzular. Bunlar birbirine karşıttır; sonuç olarak, istediğinizi yapamıyorsunuz. Ruh'un yönetimindeyseniz, Yasa'ya bağımlı değilsiniz."

Kutsal Ruh'un arzuları ardınca gittiğimizde yüreğimizde esenlik olur ve Kutsal Ruh sevindiği için bizde mutlu oluruz. Öte yandan benliğin arzuları ardınca gidiyorsak yüreklerimizde sıkıntı olur çünkü içimizdeki Kutsal Ruh inlemektedir. Ayrıca Ruh'un doluluğunu kaybederiz ve bu yüzden Kutsal Ruh'un arzularını izlemek giderek daha da zorlaşır.

Pavlus, Romalılar 7:22-24 ayetlerinde bunun hakkında şöyle demiştir: "İç varlığımda Tanrı'nın Yasası'ndan zevk alıyorum. Ama bedenimin üyelerinde bambaşka bir yasa görüyorum. Bu da aklımın onayladığı yasaya karşı savaşıyor ve beni bedenimin üyelerindeki günah yasasına tutsak ediyor. Ne zavallı insanım! Ölüme götüren bu bedenden beni kim kurtaracak?" Kutsal Ruh'un ya da benliğin arzuları ardınca gitmemiz doğrultusunda ya Tanrı'nın kurtulan çocukları oluruz ya da ölüm yolunda ilerleyen karanlığın çocukları.

Galatyalılar 6:8 ayeti şöyle der: "Kendi benliğine eken, benlikten ölüm biçecektir. Ruh'a eken, Ruh'tan sonsuz yaşam biçecektir." Benliğin arzularını izlersek sadece günah ve yasa tanımazlık olan benliğin işlerini işlemeye devam edecek ve sonunda göksel egemenliğe giremeyeceğiz (Galatyalılar 5:19-21). Ama eğer Kutsal Ruh'un arzularını izlersek, Kutsal Ruh'un dokuz meyvesini vereceğiz (Galatyalılar 5:22-23).

İyilik Yapmaktan Vazgeçmeyelim

Kutsal Ruh'un ardınca giderek, imanla hareket ettiğimiz ölçüde Ruh'un meyvelerini verir ve Tanrı'nın gerçek çocukları oluruz. Fakat insanın yüreğinde gerçeğe ve gerçek olmayana ait yürek bulunur. Gerçeğin yüreği Kutsal Ruh'un arzuları ardınca gitmeye ve Tanrı'nın Sözüne göre yaşamaya bizleri yönlendirir. Gerçeğe ait olmayan yürek ise benliğin arzularını izlememizi ve karanlıkta yaşamamızı sağlar.

Örneğin Rab'bin Gününü kutsal sayıp tutmak, Tanrı'nın çocuklarının uymak zorunda olduğu On Buyruktan biridir. Fakat dükkân işleten ve kıt imana sahip bir inanlı, Pazar günü dükkânını kapattığı takdirde kayba uğrayacağını düşünerek yüreğinde çatışma hissedebilir. Burada benliğin arzulara onun şöyle düşünmesini sağlar: "İki hafta da bir kapatsam ya da Pazar günleri sabah ben ve akşam karım kiliseye giderek dönüşümlü dükkânın başında dursak?" Fakat Kutsal Ruh'un arzuları onun, "Eğer Rab'bin gününü tutarsam Tanrı, Pazar günü dükkânı açıkken kazandığımdan daha fazla kazanmamı sağlayacak" gibi düşünmesini sağlayarak Tanrı'nın Sözüne itaat etmesine yardım edecektir.

Kutsal Ruh, güçsüzlüğümüze yardım eder ve sözle anlatılamaz iniltilerle bizim için aracılık eder (Romalılar 8:26). Kutsal Ruh'un bu yardımı ardınca gerçeği uygularsak yüreklerimizde esenlik olur ve imanımız her gün büyür.

Kutsal Kitap'ta yazılı olan Tanrı Sözü asla değişmez; iyiliğin ta kendisidir. Tanrı'nın çocuklarına sonsuz yaşamı bahşeder, sonsuz mutluluk ve sevincin tadını çıkarmaya onları yönlendiren ışıktır. Kutsal Ruh'un rehberliğinde olan Tanrı çocukları tutkuları ve arzularıyla birlikte benliklerini çarmıha germelidirler. Ayrıca Tanrı'nın Sözüne göre Kutsal Ruh'un arzularını izlemeli ve iyilik yapmaktan vazgeçmemelidirler.

Matta 12:35 ayeti şöyle der: "İyi insan içindeki iyilik hazinesinden iyilik, kötü insan içindeki kötülük hazinesinden kötülük çıkarır." Dolayısıyla adanarak dua ederek ve iyi işleri biriktirmeye devam ederek kötülüğü yüreklerimizden sökmeliyiz. Ve Galatyalılar 5:13-15 ayetleri şöyle der: "Kardeşler, siz özgür olmaya çağrıldınız. Ancak özgürlük benlik için fırsat olmasın. Birbirinize sevgiyle hizmet edin. Bütün Kutsal Yasa tek bir sözde özetlenmiştir: 'Komşunu kendin gibi seveceksin.' Ama birbirinizi ısırıp yiyorsanız, dikkat edin, birbirinizi yok etmeyesiniz!" Ve Galatyalılar 6:1-2 ayetleri ise şöyle der: "Kardeşler, eğer biri suç işlerken yakalanırsa, ruhsal olan sizler, böyle birini yumuşak ruhla yola getirin. Siz de ayartılmamak için kendinizi kollayın. Birbirinizin yükünü taşıyın, böylece Mesih'in Yasası'nı yerine getirirsiniz."

Yukarıda olduğu gibi Tanrı'nın Sözleri ardınca gittiğimizde bolca Ruh'un meyvesini verebilir, ruhun ve bütünüyle ruhun insanları olabiliriz. O zaman dualarımızda istediğimiz her şeyi alır ve ebedi göksel egemenlikteki Yeni Yeruşalim'e girebiliriz.

1. Yuhanna 4:7-8

"Sevgili kardeşlerim, birbirimizi sevelim. Çünkü sevgi Tanrı'dandır. Seven herkes Tanrı'dan doğmuştur ve Tanrı'yı tanır. Sevmeyen kişi Tanrı'yı tanımaz. Çünkü Tanrı sevgidir."

2. Bölüm

Sevgi

Ruhani sevginin en yüksek seviyesi
Benliğin sevgisi zamanla değişir
Ruhani sevgi kişiye kendi yaşamını bahşeder
Tanrı'ya karşı gerçek sevgi
Sevginin meyvesini vermek için

Sevgi

Sevgi, insanların tasavvur ettiğinden çok daha güçlüdür. Sevginin gücüyle Tanrı tarafından terk edilmiş ve ölüm yolunda ilerleyen insanları kurtarabiliriz. Sevgi, onlara yeni bir kudret ve cesaret verir. Eğer sevginin gücüyle başka insanların hatalarını örtersek, şaşırtıcı değişimler oluşur ve büyük kutsamalar bahşedilir çünkü Tanrı iyilik, sevgi, gerçek ve adalet içinde faaldir.

Bir sosyoloji araştırma ekibi, Baltimore şehrinin yoksul yerlerindeki 200 öğrenci üzerinde bir çalışma yaptı. Ekip; bu öğrencilerin başarı için çok az şansı ve umudu olduğu sonucuna vardı. Fakat 25 yıl sonra aynı öğrencilerle takip araştırması yaptı ve sonuç şaşırtıcıydı. 200 öğrenciden 176 tanesi avukat, tıp doktoru, vaiz ya da iş adamları gibi sosyal alanda başarılı bireyler olmuşlardı. Elbette ki araştırmacılar, içinde yaşadıkları böylesi kötü şartların üstesinden nasıl geldiklerini sordu ve onların hepsi belli bir öğretmenin adını verdiler. O öğretmene böylesi şaşırtıcı bir değişimi nasıl gerçekleştirdiğini sorduklarında şöyle dedi: "Sadece onları sevdim ve onlarda bunu bildiler."

Öyleyse Kutsal Ruh'un ilk meyvesi olan sevgi nedir?

Ruhani sevginin en yüksek seviyesi

Genel olarak sevgi, ruhani sevgi ve benliğin sevgisi olarak sınıflandırılır. Benliğin sevgisi kendi çıkarlarını gözetir. Zamanla değişen anlamsız bir sevgidir. Ancak ruhani sevgi başkalarının çıkarlarını gözetir ve hiçbir koşulda asla değişmez. 1. Korintliler 13, ruhani sevgiden detaylıca bahseder.

"Sevgi sabırlıdır, sevgi şefkatlidir. Sevgi kıskanmaz, övünmez, böbürlenmez. Sevgi kaba davranmaz, kendi çıkarını aramaz, kolay kolay öfkelenmez, kötülüğün hesabını tutmaz. Sevgi haksızlığa sevinmez, gerçek olanla sevinir. Sevgi her şeye katlanır, her şeye inanır, her şeyi umut eder, her şeye dayanır" (ayetler 4-7).

Öyleyse Galatyalılar 5. Bölümdeki sevginin meyvesiyle 1. Korintliler 13. Bölümdeki ruhani sevgi arasındaki fark nedir? Kutsal Ruh'un meyvesi olarak sevgi, kişinin kendi yaşamını verebileceği fedakâr sevgiyi kapsar. 1. Korintliler 13 bölümünde yer alan sevgiden daha yüksek seviyede olan bir sevgidir. Ruhani sevginin en yüksek seviyesidir.

Sevginin meyvesini verir ve yaşamlarımızı başkaları için feda edebilirsek her şeyi ve herkesi sevebiliriz. Tanrı bizi her şeyle sevdi ve Rab tüm yaşamıyla bizleri sevdi. Eğer içimizde bu sevgi varsa Tanrı, O'nun egemenliği ve doğruluğu için yaşamlarımızı feda edebiliriz. Dahası Tanrı'yı sevdiğimiz için sadece kardeşlerimiz için değil ama bizlerden nefret eden düşmanlarımız için bile canlarımızı verebileceğimiz en yüksek seviyede sevgiye olabiliriz.

1. Yuhanna 4:20-21 ayetleri şöyle der: "Tanrı'yı seviyorum deyip de kardeşinden nefret eden yalancıdır. Çünkü gördüğü

kardeşini sevmeyen, görmediği Tanrı'yı sevemez. Tanrı'yı seven kardeşini de sevsin diyen buyruğu Mesih'ten aldık." Dolayısıyla Tanrı'yı seviyorsak herkesi severiz. Eğer birinden nefret ederken Tanrı'yı sevdiğimizi söylüyorsak bu bir yalandır.

Benliğin sevgisi zamanla değişir

Tanrı, ilk insan Âdem'i yarattığında onu ruhani sevgiyle sevdi. Doğu'da Aden'de güzel bir bahçe dikti ve hiçbir eksiği olmadan orada yaşamasını sağladı. Tanrı, onunla yürüdü. Yaşanacak güzel bir yer olan Aden Bahçesi'ni Âdem'e bahşetmekle kalmadı, ama ayrıca yeryüzündeki her şeyi yönetme yetkinliğini ona verdi.

Tanrı, Âdem'i taşan ruhani bir sevgiyle sevdi. Ama Âdem, Tanrı'nın sevgisini gerçekten hissedemedi. Âdem asla nefreti ya da değişen benliğin sevgisini tecrübe edinmediğinden Tanrı'nın sevgisinin ne kadar değerli olduğunu kavrayamadı. Uzunca bir süre geçtikten sonra Âdem'in aklı yılanla çelindi ve Tanrı'nın Sözüne itaatsizlik etti. Tanrı'nın yasakladığı meyveyi yedi (Yaratılış 2:17; 3:1-6).

Bunun sonucunda Âdem'in yüreğine günah girdi ve Tanrı ile daha fazla iletişim kuramayan benliğin insanına dönüştü. Tanrı daha fazla Aden Bahçesi'nde yaşamasına izin vermedi ve bu dünyaya atıldı. İnsanın yetiştirilme sürecinden geçerken (Yaratılış 3:23), Âdem'in torunları olan tüm insanlar Aden'de mevcut sevginin karşıtı olan nefreti, çekememezliği, acıyı, kederi, hastalığı ve yaralanmayı öğrenmeye ve karşıtları tecrübe edinmeye başladılar. Bu arada giderek ruhani sevgiden uzaklaştılar. Yürekleri günahla bozularak benliğin yüreğine dönüştüğünden sevgileri de benliğin sevgisine dönüştü.

Âdem'in günahından bu yana çok zaman geçti ve günümüzde yeryüzünde ruhani sevgiyi bulmak artık daha da zordur. İnsanlar sevgilerini çeşitli yollarla ifade ederler, ama onların sevgisi sadece zamanla değişen benliğin sevgisidir. Zaman geçtikçe ve koşullar değiştikçe fikirlerini değiştirirler ve kendi çıkarlarının izinde sevdiklerine ihanet ederler. Ayrıca önce verici olanlar başkalarıysa ya da bu çıkarlarına hizmet ediyorsa verici olurlar. Eğer verdiğiniz doğrultuda almayı istiyorsanız ya da istediğinizi ve umduğunuzu başkaları size vermiyorsa ayrıca benliğin sevgisidir.

İlişki içinde olan bir erkekle kadın, 'sonsuza dek birbirlerini seveceklerini' ve 'birbirleri olmadan yaşayamayacaklarını' söyleyebilirler. Fakat pek çok vakada evlilikten sonra fikirlerini değiştirirler. Zaman geçtikçe eşlerinde sevmedikleri bir şeyi görmeye başlarlar. Geçmişte hoş görünen her şeyi ve birbirlerini her konuda mutlu etme çabalarını artık sürdüremezler. Somurtur ya da birbirlerine zorluk çıkarırlar. Eşleri istedikleri bir şeyi yapmadığında sinirlenebilirler. Yakın geçmişe kadar boşanmalar nadir olurdu ama şimdilerde çok kolay boşanılmakta ve boşanmanın hemen ertesinde bir başkasıyla evlenilmektedir. Ve buna rağmen diğer kişiyi de her vakit gerçekten sevdiklerini söylerler. Bu, benliğin sevgisine hastır.

Anne-babalarla çocuklar arasındaki sevgi de pek farklı sayılmaz. Kuşkusuz ki bazı anne-babalar, çocukları için yaşamlarını bile verirler, ama böylesi bir sevgiyi sadece kendi çocukları için veriyorlarsa ruhani sevgi değildir. Eğer ruhani sevgimiz varsa bu sevgiyi sadece kendi çocuklarımıza değil, ama herkese verebiliriz. Fakat dünya giderek daha da kötüleştikçe kendi çocukları için canını veren anne-babalara rastlamak bile nadirleşir. Parasal çıkarlar ya da fikirde ayrılık yüzünden birçok ebeveyn ve çocuk birbirlerine düşmanlık besler.

Peki ya kardeşlerle arkadaşlar arasındaki sevgi? Parasal meselelerle ilgili pek çok erkek kardeş düşmana dönüşür. Aynı şey arkadaşlar arasında daha sıklıkla olur. Her şey yolunda ve bir konuda hem fikirler ise birbirlerini severler. Fakat şartlar değişirse sevgileri değişebilir. Ayrıca pek çok vakada insanlar verdikleri kadar almayı isterler. İlgili olduklarında karşılığını beklemeden verirler. Fakat ilgileri soğudukça vermelerine rağmen karşılığını alamadıkları için pişman olurlar. Ne de olsa karşılığında bir şey istemişlerdir. Bu çeşit sevgi, benliğin sevgisidir.

Ruhani sevgi kişiye kendi yaşamını bahşeder

Bir kişinin sevdiği biri için yaşamını vermesi dokunaklıdır. Ama bir başkası için yaşamımızı vermek zorunda olmamız, o kişiyi sevmemizi zorlaştırır. Bu şekilde insanın sevgisi sınırlıdır.

Güzel bir oğlu olan kral varmış. Krallığında ölüme mahkûm kötü şöhretli bir katil bulunuyormuş. Bu suçlunun yaşamasının tek yolu, kendisinin yerine ölecek bir masummuş. Böyle bir durumda kral, katil için oğlundan vazgeçebilir miydi? Böyle bir şey tüm insanlık tarihi boyunca asla gerçekleşmedi. Fakat yeryüzündeki hiçbir kralla mukayese edilemeyecek olan Yaratıcı Tanrı, bizler için biricik oğlunu gönderdi. İşte bizi bu kadar sever (Romalılar 5:8).

Âdem'in günahı yüzünden günahın ücretini ödemek için tüm insanlık ölüm yoluna girdi. İnsanları kurtarmak ve onları göksel egemenliğe yönlendirmek için günahla ilgili sorunları çözülmeliydi. İnsanla Tanrı arasında duran günahla ilgili bu sorunu çözmek için, günahlarının insanların günahlarının bedelini ödemek üzere Tanrı, biricik oğlu İsa'yı gönderdi.

Galatyalılar 3:14 ayeti şöyle der: "Ağaç üzerine asılan herkes lanetlidir" İsa; "Günahın ücreti ölümdür" (Romalılar 6:23) diyen yasanın lanetinden bizleri azat etmek için ağaçtan bir çarmıha asıldı. Ayrıca kan dökmeden bağışlanma olmayacağından (İbraniler 9:22) tüm suyunu ve kanını akıttı. İsa, bizlerin yerine cezaları yüklendi ve O'na iman eden herkesin günahları bağışlanır, sonsuz yaşam onlara verilir.

Tanrı, günahkârların eziyet edip alay edeceğini ve sonunda Tanrı'nın oğlu olan İsa'yı çarmıha gereceklerini biliyordu. Buna rağmen sonsuz ölüme düşmeye mahkûm olan günahkâr insan ırkını kurtarmak için İsa'yı yeryüzüne gönderdi. 1. Yuhanna 4:9-10 ayetleri şöyle der: "Tanrı biricik Oğlu aracılığıyla yaşayalım diye O'nu dünyaya gönderdi, böylece bizi sevdiğini gösterdi. Tanrı'yı biz sevmiş değildik, ama O bizi sevdi ve Oğlu'nu günahlarımızı bağışlatan kurban olarak dünyaya gönderdi. İşte sevgi budur."

Tanrı; çarmıha gerilmek üzere biricik oğlu İsa'yı bahşederek bize olan sevgisini teyit etti. İsa; insanları günahlarını kurtarmak için kendisini çarmıhta feda ederek sevgisini gösterdi. Oğlunu bahşederek ortaya konan Tanrı'nın bu sevgisi, bir kin kanının son damlasına kadar yaşamını veren değişmeyen sevgidir.

Tanrı'ya karşı gerçek sevgi

Bizlerde bu seviyedeki sevgiye sahip olabilir miyiz? 1. Yuhanna 4:7-8 ayetleri şöyle der: "Sevgili kardeşlerim, birbirimizi sevelim. Çünkü sevgi Tanrı'dandır. Seven herkes Tanrı'dan doğmuştur ve Tanrı'yı tanır. Sevmeyen kişi Tanrı'yı tanımaz. Çünkü Tanrı sevgidir."

Sadece kafamızda bilmekle kalmasak ama Tanrı'nın bize olan sevgisini yüreklerimizde derinden hissetseydik doğal olarak Tanrı'yı doğru bir şekilde severdik. Hristiyan yaşamlarımızda katlanması zor olan sınamalarla yüzleşebilir ya da mallarımızın hepsini ve bizim için değerli olan şeyleri kaybedebileceğimiz durumlarla yüzleşebiliriz. İçimizde gerçek sevgi olduğu sürece bu tür koşullar içinde dahi yüreklerimiz sarsılmaz.

Neredeyse üç değerli kızımı kaybedecektim. Kore'de 30 yıldan daha önce ısınmak için insanların çoğu kömür briketi kullanırdı. Kömürden çıka karbon monoksit gazı kazalara neden olurdu. Kilisenin açılışından hemen sonraydı ve kilise binasının bodrumunda yaşıyorum. Genç bir adamla birlikte üç kızım karbon monoksit gazından zehirlendi. Tüm gece boyunca gazı soludular ve kurtulmaları için hiç umut yoktu. Şuurları kapalı kızlarımı görünce ne kederlendim ne de yakındım. Hiçbir gözyaşının, kederin veya acının olmadığı güzel göksel egemenlikte huzur içinde yaşayacaklarını düşünerek sadece şükran duydum. Fakat genç adam kilise üyesi olduğundan Tanrı'yı utandırmamak için Tanrı'dan adamı diriltmesini diledim. Ellerimi genç adamın üzerine koydum ve onun için dua ettim. Ve sonra üçüncü ve en küçük olan kızım için dua ettim. Kızım için dua ederken genç adamın bilinci açıldı. Ortanca kızım için dua ederken en küçük kızımın bilinci açıldı. Kısa süre içersinde büyük ve ortanca kızlarımın bilinçleri de açıldı. Hiçbir yan etki çekmediler ve bu güne dek sağlıklıdırlar. Her üçü de kilisede vaizlik yapmaktadır.

Eğer Tanrı'yı seviyorsak, sevgimiz asla hiçbir koşul altında değişmez. Biricik oğlunu feda eden Tanrı'nın sevgisini çoktan aldık ve bu yüzden O'na kırılmamız ya da sevgisinden kuşku duymamız için hiçbir sebebimiz yoktur. Onu sadece değişmeden sevebiliriz. O'nun sevgisine tamamıyla güvenebilir ve yaşamlarımızla O'na bağlı olabiliriz.

Bu tutum, diğer insanlarla ilgilendiğimizde de değişmez. 1. Yuhanna 3:16 ayeti şöyle der: "Sevginin ne olduğunu Mesih'in bizim için canını vermesinden anlıyoruz. Bizim de kardeşlerimiz için canımızı vermemiz gerekir." Eğer Tanrı'ya karşı gerçek sevgi yetiştirirsek, kardeşlerimizi gerçek sevgiyle severiz. Yani kendi çıkarlarımızı aramak için hiçbir arzu duymaz ve böylece sahip olduğumuz her şeyi verir, karşılığında bir şey istemeyiz. Saf güdülerle kendimizi feda eder ve başkaları için tüm mallarımızı veririz.

Bu güne dek yürüdüğüm iman yolunda sayısız sınamalardan geçtim. Benden çok şey alan ya da kendi aile gibi muamele ettiğim insanlar tarafından ihanete uğradım. Bazen insanlar beni yanlış anladı ve parmaklarıyla beni işaret ettiler.

Buna rağmen onlara iyilikle muamele ettim. Her şeyi Tanrı'nın ellerine bıraktım ve bu insanları sevgisi ve şefkatiyle bağışlasın diye dua ettim. Kiliseye büyük sıkıntılar verip ayrılan insanlardan bile nefret etmedim. Onların sadece tövbe edip geri dönmesini istedim. Bu insanlar yaptıkları onca kötü şey, benim için yoğun sınamalar oldu. Yinede onlara iyilikle muamele ettim çünkü Tanrı'nın beni sevdiğine inandım ve bende Tanrı'nın sevgisiyle onları sevdim.

Sevginin meyvesini vermek için

Yüreğimizden günahı, kötülüğü ve yasa tanımazlığı sökerek kutsallaştırdığımız ölçüde sevginin meyvesini tamamıyla verebiliriz. Gerçek sevgi; kötülükten azat bir yürekten gelir. Eğer gerçek sevgiye sahipsek başkalarına hiçbir zaman zorluk vermez ya da külfet olmaz ama her zaman huzur veririz. Ayrıca onların yüreklerini anlar ve hizmet ederiz. Canları gönenç içinde olsun diye onlara sevinç verir ve yardım ederiz ki Tanrı'nın egemenliği genişlesin.

İncil'de imanın atalarının nasıl bir sevgi yetiştirdiğini görebiliriz. Musa, halkı olan İsrail'i öylesine sevdi ki adı yaşam kitabından silinmesi pahasına onları kurtarmayı istedi (Mısır'dan Çıkış 32:32).

Elçi Pavlus'ta karşılaştığı ilk andan itibaren değişmeyen bir sevgiyle Rab'bi sevdi. Öteki ulusların elçisi oldu, çok kişiyi kurtardı ve üç misyon gezisi esnasında kiliseler kurdu. Yolu yorucu ve tehlikelerle dolu olsa bile Roma'da şehit düşene dek İsa Mesih'i duyurdu.

Yahudilerden sürekli gelen tehditler, engeller ve eziyetler vardı. Dövüldü, zindana atıldı. Deniz kazasına uğrayıp bir gün bir gece açık denizde kaldı. Yinede seçtiği yoldan asla pişmanlık duymadı. Kendisi onca sıkıntıdan geçiyor olsa dahi kendisini düşünmek yerine kiliseyi ve inanlıları düşündü.

2. Korintliler 11:28-29 ayetlerinde duygularını şöyle ifade

eder: "Öbür sorunların yanısıra, bütün kiliseler için her gün çektiğim kaygının baskısı var üzerimde. Kim güçsüz olur da ben güçsüz olmam? Kim günaha düşürülür de ben onun için yanmam?"

Elçi Pavlus, insanlara olan büyük sevgisi yüzünden yaşamını dahi esirgemedi. Onun bu büyük sevgisi Romalılar 9:3 ayetinde gayet güzel ifadesini bulur: "Kardeşlerimin, soydaşlarım olan İsrailliler'in yerine ben kendim lanetlenip Mesih'ten uzaklaştırılmayı dilerdim." Burada geçen 'soydaşlar' ile kastedilen ailesi ya da akrabaları değildir; kendisine eziyet edenler dâhil Yahudileri kasteder.

Eğer bu insanları kurtaracak olsa onların yerine cehenneme gitmeye razıydı. Sahip olduğu işte böyle bir sevgiydi. Ayrıca Yuhanna 15:13 ayetinde şöyle der: "Hiç kimsede, insanın, dostları uğruna canını vermesinden daha büyük bir sevgi yoktur." Elçi Pavlus şehit olarak en yüksek seviyedeki sevgisini kanıtlamıştır.

Bazı insanlar Rab'bi sevdiklerini söyler ama imandaki kardeşlerini sevmezler. Bu kardeşler onların ne düşmanıdır ne de canlarına ister. Fakat ufacık meseleler üzerinde anlaşamaz ve birbirlerine karşı tatsız hisler beslerler. Hatta Tanrı'nın işini yaparken bile fikirleri farklıysa birbirlerine karşı nahoş hisler içindedirler. Bazı insanlar, ruhları solan ve ölen kişilere karşı duyarsızdır. Böyle insanların Tanrı'yı sevdiğini söyleyebilir miyiz?

Bir keresinde tüm cemaatin önünde şöyle demiştim: "Eğer bin kişiyi kurtarabilirsem, onların yerine cehenneme gitmeye hazırım." Kuşkusuz ki ne tür insanların cehenneme gittiğini gayet iyi biliyorum. Cehenneme gitmeme neden olacak bir şeyi asla yapmam. Ama eğer ki cehenneme düşecek olan kişileri kurtarabilirsem, onların yerine gitmeye hazırım.

Bu bin kişinin içinde bazı kilise üyeleri olabilirdi. Kilise önderleri ya da gerçeği seçmeyip gerçeğin sözlerini duyduktan ve Tanrı'nın güçlü işlerine tanık olduktan sonra ölüm yolunda ilerleyen cemaat üyeleri olabilirdi. Ayrıca yanlış anlamaları ve kıskançlıklarıyla kilisemize rahat vermeyenler olabilirdi. Veyahut iç savaşlar, kıtlık ve yoksulluk çeken Afrika'da ki bazı fakir insanlar olabilirdi.

Nasıl ki İsa, benim öldü, bende onlar için hayatımı verebilirim. Görevimin bir parçası olarak gördüğümden onları seviyor değilim; Tanrı'nın Sözü, onları sevmemizi söylediği için seviyorum. Onları kurtarmak için gün be gün tüm yaşamımı ve enerjimi veriyorum çünkü onları sadece sözle değil hayatımdan daha fazla seviyorum. Tüm yaşamımı veriyorum çünkü beni seven Tanrı'nın en büyük arzusu olduğunu biliyorum.

Yüreğim; "Müjdeyi daha fazla yerde nasıl duyurabilirim?", "Daha fazla insan iman etsin diye Tanrı'nın gücünün daha büyük işlerini nasıl ortaya koyabilirim?" "Bu dünyanın anlamsızlığını anlamalarını nasıl sağlayabilir ve onları göksel egemenliği zorlamaya nasıl yönlendirebilirim?" gibi düşüncelerle doludur.

Tanrı'nın sevgisinin içimize ne kadar işlediğini görmek için kendimize bakalım. O sevgiyle biricik oğlunun yaşamını bahşetmiştir. O'nun sevgisiyle doluysak, Tanrı'yı ve insanları tüm yüreğimizle severiz. Bu, gerçek sevgidir. Ve eğer bu sevgiyi tamamıyla yetiştirirsek, sevginin kristalleşmiş yeri olan Yeni Yeruşalim'e girebileceğiz. Hepinizin orada Baba Tanrı ve Rab'le sonsuz sevgiyi paylaşmanızı umut ediyorum.

Filipililer 4:4

"Rab'de her zaman sevinin; yine söylüyorum, sevinin!"

3. Bölüm

Sevinç

Sevincin meyvesi
İlk sevgiye duyulan sevincin kaybolma nedenleri
Ruhani sevgi doğduğunda
Sevincin meyvesini vermek istiyorsanız
Sevincin meyvesini verdikten sonra bile kederlenme
Her meselede pozitif olun ve iyiliği izleyin

Sevinç

Kahkaha stresi, öfkeyi ve gerilimi azaltarak kalp krizini ve ani ölümü önlemeye yarar. Ayrıca bedenin bağışıklık sistemini geliştirir; dolayısıyla nezle gibi enfeksiyonları, hayat tarzına bağlanan kanser gibi hastalıkları önleyici pozitif etkileri vardır. Kahkahanın sağlığımız üzerinde kesinlikle çok pozitif etkileri vardır ve Tanrı, her daim sevinmemizi söyler. Bazıları, "Sevinecek hiçbir şey yokken nasıl sevinebilirim?" diyebilir. Fakat imanın insanları her zaman Rab'de sevinebilirler çünkü Tanrı'nın zorluklar karşısında kendilerine yardım edeceğine ve sonsuz sevincin olduğu göksel egemenliğe sonunda yönlendirileceklerine inanırlar.

Sevincin meyvesi

Sevinç; "yoğun ve özellikle esrik ya da kabına sığmayan mutluluktur." Fakat ruhani sevinç sadece aşırı mutlu olmak değildir. İnanlı olmayanlar bile iyi şeyler karşısında sevinirler, ama bu sadece geçicidir. İşler zorlaştığında sevinçleri yiter. Ama yüreklerimizde sevincin meyvesini verirsek, her türlü koşul altında sevinecek ve mutlu olacağız.

1. Selanikliler 5:16-18 ayetleri şöyle der: "Her zaman sevinin. Sürekli dua edin. Her durumda şükredin. Çünkü Tanrı'nın Mesih İsa'da sizin için istediği budur." Ruhani sevinç her daim sevinmek ve her koşulda şükran sunabilmektir. Sevinç, ne tür bir Hristiyan yaşantısı sürdürdüğümüzü ölçebileceğimiz ve kontrol

edebileceğimiz en aşikâr ve berrak kategorilerden biridir. Bazı inanlılar her zaman sevinç ve mutlulukla Rab'bin yolunda yürürken, bazıları her ne kadar imanda çok çabalıyor olsalar da gerçektende yüreklerinden gelen gerçek sevince ve şükrana sahip değillerdir. İbadet hizmetlerine katılır, dua eder ve kilise görevlerini yerine getirirler, ama tüm bu aktiviteleri heyecan duymadan yerine getiriyor gibidirler. Ve bir sorunla karşılaşırlarsa yüreklerindeki azıcık huzuru kaybeder ve gerginlikle sarsılırlar.

Kendi gücünüzle asla çözemeyeceğiniz bir sorunun olduğu zaman, yüreğinizin derinliklerinden gerçekten sevinç duyup duymadığınızı kontrol edeceğiniz zamandır. Böyle bir durumda neden aynaya bakmıyorsunuz? Ayrıca sevincin meyvesini ne kadar verdiğinizin bir ölçütü de olabilir. Aslına bakarsanız sadece İsa Mesih'in bizleri kanı vesilesiyle kurtarış lütfu, her daim sevinmemiz için yeterli bir koşuldur. Cehennemin sonsuz ateşine düşmeye mahkûmduk, ama İsa Mesih'in kanı vesilesiyle mutluluk ve esenlikle dolu göksel egemenliğe girebileceğiz.

Mısır'dan Çıkış ertesinde İsrailoğulları kuru toprak üzerinden geçer gibi Kızıldeniz'den geçtiklerinde ve kendilerinin peşinden gelen Mısır ordusundan kurtulduklarında ne kadar çok sevindiler? Mutlulukla dolu kadınlar tef çalıp oynadılar ve hepsi Tanrı'yı yüceltti (Mısır'dan Çıkış 15:19-20).

Benzer şekilde bir kişi Rab'be iman ettiğinde kurtulduğu için anlatılamaz bir sevinç duyar ve yorucu bir iş gününden sonra bile dudaklarından ilahileri hiçbir zaman düşürmez. Rab'bin adı yüzünden eziyet çekse veya sebepsiz sıkıntı çekse dahi, sadece göksel egemenliği düşünerek mutlu olur. Eğer bu sevinç sürekli olur ve bütünüyle muhafaza edilirse, kişi kısa sürede sevincin meyvesini tamamıyla verir.

İlk sevgiye duyulan sevincin kaybolma nedenleri

Fakat gerçekte ilk sevginin sevincini çok az kişi tutar. Rab'be iman ettikten bir zaman sonra sevinç kaybolur ve kurtuluş lütfuna karşı olan duyguları artık aynı değildir. Geçmişte Rab'bi düşünerek zorluklar karşısında bile mutlu olmuşlardır, ama sonra işler zorlaşınca iç çekmeye ve sızlanıp dövünmeye başlarlar. Kızıldeniz'i geçtikten sonra sevinci hızla unutan ve ufacık zorluklar karşısında Tanrı'ya ve Musa'ya yakınan İsrailoğulları gibiydiler.

İnsanlar neden değişir? Çünkü yüreklerindeki benliğin sevgisidir. Buradaki benliğin ruhani bir anlamı vardır. Ruhun özelliklerinin tersi olan özellikler kastedilir. 'Ruh', Yaratıcı Tanrı'ya ait olan güzel ve asla değişmeyen bir şeydir. 'Benlik' ise Tanrı'dan kopmuş şeylerdir. Yitecek, bozulacak ve yok olacak şeylerdir. Bu yüzden yasa tanımazlık, adaletsizlik ve yalan gibi şeyler benliğindir. Benliğin bu özelliklerine sahip olanlar, bir keresinde tüm yüreklerini doldurmuş olan sevinci kaybederler. Ayrıca doğaları değişken olduğundan, düşman iblis ve Şeytan bu değişken doğalarını kışkırtarak, hoş olmayan durumlar yaratmaya çalışır.

Elçi Pavlus, müjdeyi duyururken dövüldü ve zindana atıldı. Ama hiçbir konuda endişe duymayarak dua ederken ve Tanrı'yı yüceltirken deprem oldu ve zindanın kapıları açıldı. Dahası bu olayla pek çok inanlı olmayan insana İncil'i öğretti. Hiçbir zorluk altında sevincini kaybetmedi ve inanlılara şunu öğütledi: "Rab'de her zaman sevinin; yine söylüyorum, sevinin! Uysallığınız bütün insanlarca bilinsin. Rab'bin gelişi yakındır. Hiç kaygılanmayın; her konudaki dileklerinizi, Tanrı'ya dua edip yalvararak şükranla bildirin" (Filipililer 4:4-6).

Uçurumun kenarında olduğunuz zor bir durum içindeyseniz neden elçi Pavlus gibi şükran duası etmiyorsunuz? Tanrı, imanla hareket etmenizden hoşnut olur ve her şeyin iyi olması için çalışır.

Ruhani sevgi doğduğunda

Davut, genç yaşından itibaren ülkesi için savaş meydanlarında dövüştü. Birçok farklı savaşta övgüye layık hizmetlerde bulundu. Kral Saul'un üzerine kötü ruh geldiğinde kral huzur bulsun diye Davut lir çaldı. Asla kraldan gelen bir emri çiğnemedi. Buna rağmen Kral Saul, Davut'un yaptıklarına minnet duymak yerine, aslında kıskançlığı yüzünden ondan nefret etti. Davut'u insanlar sevdiğinden, Saul tahtının elinden alınmasından korkuyordu ve Davut'u öldürmek için ordusuyla peşine düştü. Böyle bir durumda tabii ki Davut kaçmak zorunda kaldı. Bir keresinde yabancı bir ülkede hayatını kurtarmak için deli taklidi yapmak zorunda kaldı. Onun yerinde olsaydınız siz nasıl hissederdiniz? Davut asla üzülmedi ama sadece sevindi. Güzelim Mezmurlarla Tanrı'ya olan imanını ilan etti.

"RAB çobanımdır, Eksiğim olmaz.
Beni yemyeşil çayırlarda yatırır,
Sakin suların kıyısına götürür.
İçimi tazeler,
Adı uğruna bana doğru yollarda öncülük eder.
Karanlık ölüm vadisinden geçsem bile, Kötülükten korkmam.
Çünkü sen benimlesin.
Çomağın, değneğin güven verir bana.
Düşmanlarımın önünde bana sofra kurarsın,
Başıma yağ sürersin,
Kâsem taşıyor.
Ömrüm boyunca yalnız iyilik ve sevgi izleyecek beni,
Hep RAB'bin evinde oturacağım"
(Mezmurlar 23:1-6).

Gerçek, dikenlerden bir yoldu ama Davut'un içinde olan muazzamdı. İçindeki, Tanrı için yanan bir sevgi ve değişmeyen güvendi. Hiçbir şey, yüreğinin derinliklerinden gelen sevinci alamazdı. Davut kesinlikle sevginin meyvesini vermiş bir insandı.

Rab'be iman ettiğimden beri geçen kırk bir yıllık sürede ilk sevgimin sevincini asla kaybetmedim. Hala her günü şükranla yaşıyorum. Yedi yıl boyunca pek çok hastalıktan çektim, ama Tanrı'nın gücü beni tüm hastalıklarımdan bir anda iyileştirdi. Hemen Hıristiyan oldum ve inşaat alanlarında çalışmaya başladım. Daha iyi bir iş yapma şansım vardı, ama Rab'bin gününü kutsal sayıp tutmamın tek yolu olduğu için ağır işçiliği seçtim.

Her sabah dörtte kalkar ve şafak dualarına katılırdım. Sonra paketlenmiş öğle yemeğimle işe giderdim. Bir buçuk saatlik otobüs yolculuğuyla işyerine varırdım. Yeterli dinlenme olmadan sabahtan akşama kadar çalışırdım. Gerçekten zor işti. Daha önce fiziki işçilikte hiç çalışmamıştım ve bunun ötesinde de yıllarca hasta kalmıştım. Benim için kolay bir iş değildi.

İşten sonra saat on gibi dönmüş olurdum. Kısaca yıkanır, akşam yemeğimi yer, İncil okur ve gece yarısı gibi uyumadan önce dua ederdim. Eşimde para kazanmak için evden eve satış işiyle uğraşırdı, ama hasta olduğum zamanlarda biriktirdiğimiz borcun faizlerini bile zar zor ödüyorduk. Gerçektende günün sonunu güçbelâ getiriyorduk. Mali açıdan çok zor bir halde olmama rağmen yüreğim sevinçle doluydu ve fırsatım olduğu her an müjdeyi duyurdum.

Şöyle derdim: "Tanrı yaşıyor! Bana bak! Sadece ölümü bekliyordum ama Tanrı'nın gücüyle tamamen iyileştim ve şimdi sağlıklıyım."

Gerçek zor ve mali açıdan zorlayıcıydı ama beni ölümden kurtaran Tanrı'nın sevgisi için her zaman şükran duydum. Yüreğim ayrıca göklerin umuduyla doluydu. Rahip olmak için Tanrı'nın çağrısını aldıktan sonra bir insanın gerçekten dayanamayacağı pek çok adaletsizliklerden çektim, ama sevincimle şükranım hiç soğumadı.

Bu nasıl mümkün oldu? Çünkü yürekteki şükran daha fazla şükranın doğumuna vesile olur. Her daim şükran duyacağım şeyleri arar ve Tanrı'ya şükran duası ederim. Ve sadece şükran duası etmekle kalmam, Tanrı'ya şükran sunuları sunmaktan da zevk alırım. Her ayin zamanı Tanrı'ya adadığım şükran sunuları yanı sıra, diğer şeyler içinde şevkle Tanrı'ya şükran sunuları verdim. İmanda büyüyen kilise üyeleri, dev ölçülerdeki yurtdışı misyon seferleri ve kilisenin gelişimi için sunular verdim. Şükran duyacak koşullar aramaktan hoşlanırım.

Bu sebeple, Tanrı sürekli beni kutsadı ve bana lütuf verdi ki şükranlarımı sunmaya devam edebileyim. İşler sadece yolunda olduğunda şükranlarımı sunup olmadığında yakınsaydım, şu anda tadını çıkardığım mutluluğa sahip olamazdım.

Sevincin meyvesini vermek istiyorsanız

İlk olarak benliği söküp atmalısınız.

Eğer çekememezliğimiz ya da kıskançlığımız yoksa başkaları övüldüğünde ya da kutsandığında kendimiz övülmüş ya da kutsanmış gibi seviniriz. Yoksa çekememezliğimiz ve kıskançlığımızın olduğu ölçüde başkalarının iyi halini görmek bize zor gelir. Başkalarıyla ilgili rahatsızlık verici hisler duyabiliriz ya da sevinci ve cesaretinizi kaybedebilirsiniz çünkü başkalarının yükselmesi karşısında kendimizi aşağıda hissedebiliriz.

Ayrıca eğer öfke ya da kin tutmuyorsak, bize kabaca davranılsa ve zarar verilse bile sadece esenlik içinde oluruz. İçimizdeki benlik yüzünden kin duyar ve hayal kırıklığına uğrarız. Bu benlik, yüreğimizde ağır bir yük hissettiren külfettir. Eğer kendi çıkarlarımızı gözeten bir doğamız varsa başkalarından daha büyük kayıplara uğradığımız durumlarda kötü hisseder ve acı duyarız.

Benliğin özellikleri içimizde olduğundan düşman iblis ve Şeytan sevinemeyeceğimiz durumlar yaratmak için benliğin bu özelliklerini ajite eder. Sahip olduğumuz benlik oranında ruhani iman edinemeyiz ve Tanrı'ya güvenemeyeceğimiz daha fazla endişe ve tasalara sahip oluruz. Fakat bu gün yiyecekleri hiçbir şey olmasa bile Tanrı'ya güvenenler sevinebilir çünkü önce Tanrı'nın egemenliği ve doğruluğu ardından gidenlere ihtiyaçlarının verileceğinin vaadini Tanrı vermiştir (Matta 6:31-33).

Gerçek imana sahip olanlar, her türlü zorluk karşısında şükran duaları vesilesiyle her meseleyi Tanrı'nın ellerine bırakırlar. Huzurlu bir yürekle Tanrı'nın egemenliği ve doğruluğu ardından gider ve sonra ihtiyaç duyduklarını isterler. Fakat Tanrı'ya değil de kendi düşünce ve planlarına dayananların elinden huzursuz olmaktan başka bir şey gelmez. İş yapanlar ancak Kutsal Ruh'un sesini açıkça duyup ardından gittikleri takdirde gönencin yoluna taşınabilir ve kutsanabilirler. Fakat açgözlülüğe, sabırsızlığa ve gerçeğe ait olmayan düşüncelere sahip oldukları sürece Kutsal Ruh'un sesini duyamazlar ve zorluklarla yüzleşirler. Özetle, sevinci yitirmemizin temel nedeni, yüreklerimizde mevcut benliğe ait özelliklerdir. Benliği yüreklerimizden söküp attığımız ölçüde giderek daha fazla ruhani sevince ve şükrana sahip olacak ve her şeyimiz yolunda gidecektir.

İkincisi, her şeyde Kutsal Ruh'un arzularını izlemeliyiz.

Aradığımız sevinç dünyevi değil, ama yukarılardan gelen bir sevinçtir; diğer bir deyişle, Kutsal ruh'un sevincidir. Ancak içimizde yaşayan Kutsal Ruh sevindiğinde sevinçli ve mutlu olabiliriz. Her şeyden önce gerçek sevinç ancak yürekten Tanrı'ya tapındığımızda, dua ettiğimizde, O'nu yücelttiğimizde ve Sözünü tuttuğumuzda gelir.

Ayrıca Kutsal Ruh'un esinlemeleriyle eksiklerimizin farkına varır ve onları düzeltirsek ne mutlu olacağız! Daha önce olduğumuzdan farklı bu yeni 'kendimizi' keşfettiğimizde mutlu ve şükranla dolu olmaya daha fazla eğilim göstereceğiz. Tanrı'nın bahşettiği sevinç, dünyanın hiçbir sevinciyle mukayese edilemez ve hiç kimse o sevinci alamaz.

Günlük hayatımızda yaptığımız seçimlere bağlı olarak ya Kutsal Ruh'un ya da benliğin arzularını izleriz. Eğer her an Kutsal Ruh'u izliyorsak, içimizdeki Kutsal Ruh sevinir ve bizleri sevinçle doldurur. 3. Yuhanna 1:4 ayeti şöyle der: "Benim için, çocuklarımın gerçeğin izinden yürüdüklerini duymaktan daha büyük bir sevinç olamaz!" Denilmiş olduğu gibi gerçeğin izinden yürüdüğümüzde Tanrı sevinir ve Kutsal Ruh'un doluluğunda bizlere sevinç bahşeder.

Örneğin kendini çıkarına duyulan arzuyla başkalarının çıkarlarını gözetmeye duyulan arzu birbirleriyle çarpışırsa ve bu çarpışma devam ederse sevinci kaybederiz. Bu durumda sonunda kendi çıkarımızı gözetirsek, istediğimizi almış görünebiliriz, ama ruhani sevinci kazanamayız. Aksine, yüreğimizde vicdan azabı ya da sıkıntı olur. Öte yandan başkalarının çıkarlarını gözetirsek, o an için bir kaybımız varmış gibi görünür, ama Kutsal Ruh sevindiğinden yukarılardan sevinci elde ederiz. Ancak böylesi sevinci hisseden insanlar ne kadar iyi olacağını bileceklerdir. Bu dünyada hiç kimsenin veremeyeceği veya anlamayacağı bir mutluluk türüdür.

İki erkek kardeşin bir hikâyesi vardır. Büyük olan yemeği yedikten sonra tabakları kaldırmaz. Bu yüzden her zaman küçük olanı yemekten sonra masayı temizlemek zorunda kalır ve bundan rahatsızlık duyar. Bir gün büyük olanı yemeğini bitirip çıkmak üzereyken, genç olanı şöyle der: "Kendi tabaklarını kendin yıkamalısın." Büyük olan hiç duraksamadan, "Onları sen yıkayabilirsin" der ve odasına gider. Küçük olan bu durumdan hiç hoşlanmaz ama ağabeyi çoktan gitmiştir.

Küçük kardeş, ağabeyinin kendi tabaklarını yıkama alışkanlığı olmadığını bilir. Bu yüzden küçük olanı tek başına tüm tabakları yıkayarak ağabeyine sevinçle hizmet edebilir. O zaman her daim küçük olanın bulaşıkları yıkamak zorunda kalacağını ve ağabeyin sorunun çözümüne yanaşmayacağını düşünebilirsiniz. Ama eğer iyilikle davranırsak, değişimleri gerçekleştirecek olan Tanrı'dır. Tanrı, ağabeyin yüreğini değiştirecektir ki, "Bulaşıkları sürekli erkek kardeşime yıkattırdığım için üzgünüm. Bundan böyle kendiminkileri ve onunkileri ben yıkayacağım," diye düşünebilsin.

Hikâyede de olduğu gibi, eğer anlık bir kazanç için benliğin arzularını izlersek, her zaman sıkıntı ve çekişme içinde oluruz. Fakat eğer Kutsal Ruh'un arzuları ardınca başkalarına hizmet edersek sevinç duyacağız.

Aynı ilke tüm meselelere uygulanır. Önceden başkalarını kendi standartlarınıza göre yargılamış olabilirsiniz, ama eğer iyilikle yüreğinizi değiştirir ve başkalarını anlarsanız esenlik içinde olursunuz. Peki ya sizinkinden çok farklı karakteri ya da fikirleri olan biriyle tanıştığınızda? Ondan kaçınır mısınız ya da sıcak bir tebessümle karşılar mısınız? İnanlı olmayanların gözünde hoşlanmadıkları kişilere iyi davranmak yerine onlardan kaçınmak daha rahatlatıcı olabilir.

Fakat Kutsal Ruh'un ardınca gidenler, hizmet dolu bir yürekle böyle insanlara gülümserler. Eğer başkalarına huzur vermek niyetiyle her gün kendimizi öldürürsek (1. Korintliler 15:31), yukarıdan gelen gerçek esenlik ve sevinci deneyim edeceğiz.

Ayrıca insanlardan ya da bizimkine uymayan karakterlerden hoşlanmazlık duygusuna sahip olmazsak, her daim esenliğin ve sevincin tadını çıkaracağız.

Pek sahip olamadığınız bir tatil günü bir kilise önerinin sizi aradığını ve Pazar ayinini kaçıran birinin ziyaretine birlikte gitmenizi istediğini veya bir başkasına müjdeyi duyurmanızı istediğini varsayın. Aklınızın bir köşesinde dinlenme isteği vardır, ama diğer köşesinde ise Tanrı'nın işini yapmanız önerilir. Hangisini seçeceğiniz özgür iradenize bağlıdır, ama uyumak ve bedeninizi dinlendirmek ille de size sevinç vermez.

Zamanınızı ve malınızı Tanrı'nın işlerini yapmak için verdiğinizde hissedebilirsiniz. Tekrar tekrar Kutsal ruh'un arzularını izlerseniz sadece giderek daha fazla ruhani sevince sahip olmakla kalmaz, ama yüreğinizde giderek gerçeğin yüreğine dönüşür. Aynı ölçüde sevincin olgun meyvesini verirsiniz ve yüzünüzde ruhani ışıkla aydınlanır.

Üçüncüsü, şevkle sevincin ve şükranın tohumlarını ekmeliyiz.

Bir çiftçinin hasadın meyvelerini alması için tohumları ekmesi ve onlarla ilgilenmesi gerekir. Aynı şekilde sevincin meyvesini vermek için bizlerde şevkle şükran duyacağımız şartları aramalı ve Tanrı'ya şükran sunuları sunmalıyız. Eğer iman sahibi Tanrı çocuklarıysak, sevinecek çok şey vardır. İlki, hiçbir şeyle değişmeyecek olan kurtuluşun sevincine sahip olmalıyız. Ayrıca iyi Tanrı Babamızdır ve O, gerçekte yaşayan çocuklarını korur, onların isteklerini yanıtlar. Öyleyse ne kadar mutluyuz? Eğer Rab'bin Gününü kutsal sayıp tutar ve uygun ondalıklarımızı verirsek, tüm yıl boyunca hiçbir felaket ya da kazayla yüzleşmeyeceğiz. Eğer günah işlemez ve Tanrı'nın buyruklarını tutar, O'nun egemenliği için sadakatle çalışırsak, o zaman her daim kutsanacağız.

Bazı zorluklarla karşılaşsak bile her türlü sorunumuzun çözümü, Kutsal Kitap'ın altmış altı kitabında mevcuttur. Eğer zorlukların nedeni kendi hatalarımızsa, Tanrı'nın bize merhamet edip sorunumuzu çözebileceğimiz yanıtı vereceği şekilde tövbe etmeli ve gittiğimiz yoldan dönmeliyiz. Dönüp kendimize baktığımızda yüreğimiz bizi suçlamıyorsa sevinebilir ve şükran duyabiliriz. O zaman Tanrı, her şeyin iyi olması için çalışır ve bizleri kutsar.

Tanrı'nın bize bahşettiği lütufunu cepte görmemeliyiz. Her daim sevinmeli ve O'na şükretmeliyiz. Şükredeceğimiz ve sevineceğimiz koşulları aradığımızda Tanrı, şükran duyacağımız daha fazla şartlar bahşeder. Böylece şükranlarımız ve sevinçlerimiz artar ve sonunda tamamıyla sevincin meyvesini veririz.

Sevincin meyvesini verdikten sonra bile kederlenme

Yüreğimizde sevincin meyvesini versek bile bazen kederleniriz. Bu, gerçekte oluşan ruhani bir kederlenmedir.

İlk olarak tövbenin kederi vardır. Günahlarımız yüzünden test ve sınamalar varsa sevinemez ve sorunumuzu çözmek için şükredemeyiz. Eğer bir kişi günah işledikten sonra dahi sevinebiliyorsa, bu, dünyevi bir sevinçtir ve Tanrı'yla hiçbir alakası yoktur. Böyle bir durumda gözyaşlarıyla tövbe etmeli ve o yoldan dönmeliyiz. "Tanrı'ya inanarak böyle bir günahı neden işledim? Rab'bin lütufuna sırtımı nasıl dönebildim?" diyerek tamamıyla tövbe etmeliyiz. O zaman Tanrı, tövbemizi kabul eder ve bunun bir kanıtı olarak günah duvarı yıkılır, bize sevinç bahşeder. Göklerde uçar gibi öylesine hafif ve hoşnut hissederiz ve yukarılardan yepyeni bir sevinç ve şükran gelir.

Ancak tövbe kederi, zorluklar ya da felaketlerle dökülen keder gözyaşlarından farklıdır. Onlarca gözyaşı dökerek ve burnunuzu çekerek dua etseniz dahi, bunu halinize kederlenerek yaptığınız sürece benliğe ait kederdir. Ayrıca cezadan korkarak sorundan sadece kaçmaya çalışıyor ve tamamen günahlarınızdan dönmüyorsanız, gerçek sevinci elde edemezsiniz. Bağışlanmış da hissetmezsiniz. Eğer kederiniz, tövbenin gerçeğe ait kederiyse, bizzat günah işlemeye olan isteği söküp atmalı ve sonra tövbenin uygun meyvesini vermelisiniz. Ancak o zaman yeniden yukarılardan ruhani sevinci alırsınız.

Bir de Tanrı'ya hürmetsizlik edildiğinde ya da insanlar ölüm yolunda ilerlediğinde duyulan keder vardır. Bu, gerçeğe uygun bir kederdir. Eğer böyle bir kedere sahipseniz, içtenlikle Tanrı'nın egemenliği için dua edersiniz. Daha fazla insanı kurtarmak ve Tanrı'nın egemenliğini genişletmek için kutsallaşmayı ve gücü dilersiniz. Bu sebeple böylesi bir keder, Tanrı'nın nazarında hoşnut edici ve kabul edilirdir. Eğer bu ruhani kedere sahipseniz, yüreğinizin derinliklerindeki sevinç yok olmaz. Üzüntülü veya cesareti kırılmış olmaktan gücünüzü kaybetmeyecek ama yinede şükran ve mutluluğa sahip olacaksınız.

Bir kaç sene önce Tanrı, muazzam bir kederle Tanrı'nın egemenliği ve kilise için dua eden bir kişinin göksel evini bana gösterdi. Evi, altın ve değerli taşlarla, özellikle büyük ve parlak incilerle süslenmişti. Nasıl ki inci istiridyesi tüm enerjisi ve özsuyuyla inciyi oluşturuyorsa, o da Rab'be andırmak için dualarında kederleniyordu. Tanrı'nın egemenliği ve insanlar için dualarında kederleniyordu. Tanrı, onun gözyaşları içinde ettiği tüm duaları geri ödemektedir. Bu yüzden her daim Tanrı'ya inanarak sevinmeli ve ayrıca Tanrı'nın egemenliğiyle insanlar için kederlenebilmeliyiz.

Her meselede pozitif olun ve iyiliği izleyin

Tanrı, ilk insan Âdem'i yarattığında sevinci yüreğine koydu. Fakat Âdem'in o vakit sahip olduğu sevinç, bizlerinde bu dünyada geçmekte olduğumuz insanın yetiştirilme sürecinde elde ettiğimiz sevinçten farklıdır.

Âdem, kendisinde benliğe ait hiçbir özellik bulunmayan yaşayan bir varlık ya da yaşayan bir ruhtu; dolayısıyla sevincin karşıtı olarak koyabileceği hiçbir şey yoktu. Kısaca sevincin değerinin farkına varabileceği zıtlıklarla ilgili bir kavrama sahip değildi. Ancak hastalıklardan çekenler sağlığın ne kıymetli olduğunu bilirler. Ancak yoksulluktan çekenler, zengin yaşamın gerçek değerini anlarlar.

Âdem hiçbir acı yaşamadı ve ne kadar mutlu bir yaşam sürmekte olduğunu kavrayamadı. Sonsuz yaşamın ve Aden Bahçesi'nin bolluğunun tadını çıkarmasına rağmen gerçekten yürekten sevinemedi. Fakat iyilikle kötülüğün bilgisini taşıyan ağacın meyvesini yedikten sonra benlik yüreğine geldi ve Tanrı'nın bahşettiği sevinci kaybetti. Bu dünyanın pek çok acısını çekerken, yüreği keder, yalnızlık, kırgınlık, üzücü hisler ve tasalarla doldu.

Bu dünyada her türlü acıyı deneyim ettik ve şimdi Âdem'in yitirdiği ruhani sevinci yeniden kazanmalıyız. Bunu yapmak için her zaman benliği söküp atmalı, Kutsal Ruh'un arzularını izlemeli ve her şeyde sevincin ve şükranın tohumlarını ekmeliyiz. Tam burada pozitif bir tutumu ekler ve iyiliği izlersek, tamamıyla sevincin meyvesini verebileceğiz.

Bu sevinç, Aden Bahçesi'nde yaşayan Âdem'in aksine, bu yeryüzünde pek çok şeyin karşıt ilişkilerini deneyim etmemizden sonra kazanılır. Bu sebeple sevinç, yüreklerimizin derinliklerinden doğar ve asla değişmez. Göklerde tadına varacağımız gerçek mutluluk, bu dünyada yetiştirilmiştir. Dünyevi yaşamlarımız sona erip göksel egemenliğe girdiğimizde sevinci nasıl ifade edebileceğiz?

Luka 17:21 ayet şöyle der: "...'İşte burada' ya da, 'İşte şurada' demeyecekler. Çünkü Tanrı'nın Egemenliği içinizdedir."

Yüreğinizde sevincin meyvesini hızla vermenizi umut ediyorum ki yeryüzünde göklerin tadını alasınız ve her zaman mutlulukla dolu bir yaşam sürdürebilesiniz.

İbraniler 12:14

"Herkesle barış içinde yaşamaya, kutsal olmaya gayret edin.

Kutsallığa sahip olmadan kimse Rab'bi göremeyecek."

4. Bölüm

Esenlik

Esenliğin meyvesi
Esenliğin meyvesini vermek için
İyi sözler önemlidir
Başkalarının bakış açısından bilgece düşünün
Yürekteki gerçek esenlik
Barışı sağlayanlar için kutsamalar

Esenlik

Tuz parçacıkları görünmez ama billurlaştıklarında güzel kübik kristallere dönüşürler. Azıcık bir tuz suyun içinde çözünür ve suyun tüm yapısını değiştirir. Yemek pişirmede kesinlikle gerekli bir tatlandırıcıdır. Oldukça az miktarda tuzun içindeki mikroelementler, yaşam fonksiyonlarını sürdürmek için son derece önemlidir. Tıpkı yemeklere lezzet katmak ve çürümesini önlemek için çözünen tuz gibi, Tanrı, başkalarını ruhen yükseltmemizi, saflaştırmamızı ve esenliğinde güzel meyvesini vermemizi ister. Şimdi Kutsal Ruh'un meyveleri arasında yer alan esenlik meyvesine bakalım.

Esenlik meyvesi

Tanrı'ya inanlılar olsalar bile 'ego' ya da 'özbenlikleri' olan insanlar başkalarıyla esenliği tesis edemezler. Eğer fikirlerinin doğru olduğunu düşünüyorlarsa başkalarının düşüncelerini göz ardı etme ve uygunsuz davranma eğiliminde olurlar. Bir grubun çoğunluk oylarıyla bir mutabakata varılmasına rağmen karar hakkında yakınmaya devam ederler. Ayrıca insanların iyi oldukları noktalar yerine eksik yanlarını bulurlar. Başkaları hakkında ayrıca kötü konuşur, bu tür şeyleri yarar ve insanların birbirlerinden koparırlar.

Bu tür insanların yanında olduğumuzda dikenden bir döşek üzerinde oturuyor hissine kapılırız ve huzur yoktur. Esenliği bozanların olduğu yerde her daim sorunlar, sıkıntılar ve sınamalar vardır. Bir ülkede, ailede, işyerinde, kilisede ya da herhangi bir grup içinde esenlik bozulmuş ise, kutsamaların geçit yolu tıkanır ve birçok zorluklar olur.

Bir oyundaki kadın ve erkek kahraman kuşkusuz ki önemlidir ama çalışanların diğer rolleri ve destek işleri de ayrıca önemlidir. Aynısı her kuruluş için geçerlidir. Ufak önem arz eden bir şey gibi görünse bile her kişi kendi işini uygunca yerine getirdiğinde görev tamamıyla başarılır ve bu kişiye daha sonra daha büyük roller verilir. Ayrıca kişi, yaptığı iş önemli diye kibre kapılmamalıdır. Ayrıca başkalarına birlikte gelişmeleri için yardım ettiğinde tüm işler barış içinde olur.

Romalılar 12:18 ayeti şöyle der: "Mümkünse, elinizden geldiğince herkesle barış içinde yaşayın." Ve İbraniler 12:14 ayeti şöyle der: "Herkesle barış içinde yaşamaya, kutsal olmaya gayret edin. Kutsallığa sahip olmadan kimse Rab'bi göremeyecek."

Burada geçen 'barış'; kendi fikirlerimiz doğru olsa bile başkalarının fikirleriyle uyuşabilmektir. Başka insanlara huzur vermektir. Gerçeğin hudutları içinde kaldığımız sürece her şeyi tasdik edebileceğimiz cömert bir yürektir. Başkalarının çıkarlarını gözetmek ve hiçbir şekilde kayırmacı davranmamaktır. Karşıt fikir beyan etmekten ve insanların eksikliklerini aramaktan kaçınarak insanlarla sorun veya çatışma çıkarmamaya çalışmaktır.

Tanrı'nın çocukları sadece eşleriyle, ebeveynleriyle, çocuklarıyla ve komşularıyla değil, ama herkesle esenliği muhafaza etmelidirler. Sadece sevdikleriyle değil ama kendilerinden nefret eden ve kendilerine zorluk çıkaranlarla da esenlik içinde olmalıdırlar. Kiliseyle esenliği muhafaza etmek özellikle önemlidir. Esenlik bozulursa Tanrı'nın işi olmaz. Bu sadece bizi suçlaması için Şeytan'a bir şans verir. Ayrıca çok çalışsak ve Tanrı için büyük hedefler başarsak bile esenlik bozulduğunda övgüyü alamayız.

Yaratılış 26. Bölümde İshak, diğer insanların kendine meydan okuduğu şartlar altında bile herkesle esenliği muhafaza etmişti. Bu, kıtlıktan kaçarken Filistlilerin yaşadığı yere gittiği zaman oldu. Tanrı tarafından kutsandı, sürüsündeki hayvanların sayısı arttı ve varlığı gittikçe büyüdü. Filistliler onu kıskandılar ve İshak'ın kuyularını toprakla doldurdular.

O bölgeye yeterince yağmur düşmezdi ve özellikle yazın hiç yağmur yağmazdı. Kuyular yaşam damarlarıydı. Fakat İshak onlarla kavga etmedi ya da çatışmadı. Orayı terk edip başka bir yerde kuyu kazdı. Büyük zorluklar sonrasında nerede kuyu bulduysa Filistliler geldiler ve kuyunun kendilerine ait olduğunu söylediler. Buna rağmen İshak asla itiraz etmedi ve kuyuları onlara bıraktı. Başka bir yere gitti ve bir başka kuyu kazdı.

Bu döngü birkaç kez tekrarlandı, ama İshak bu insanlara sadece iyilikle muamele etti ve Tanrı, gittiği her yerde onu yeni bir kuyuyla kutsadı. Bunu gören Filistliler, Tanrı'nın İshak'la birlikte olduğunu anladılar ve ona daha fazla rahatsızlık çıkarmadılar. Eğer İshak, kendisine haksızlık yaptıkları için onlarla tartışıp kavga etseydi onların düşmanı olur ve o yeri terk etmek zorunda kalırdı. Adil bir şekilde kendisini ifade etmeye çalışsaydı bile bu işe yaramazdı çünkü niyetleri kötü olan Filistliler kavga arıyordu. Bu nedenle İshak, onlara iyilikle muamele etti ve esenliğin meyvesini verdi.

Bu şekilde esenliğin meyvesini verirsek, Tanrı her durumu kontrol eder ve böylece her şeyde gönenç içinde oluruz. Öyleyse esenliğin bu meyvesini nasıl verebiliriz?

Esenliğin meyvesini vermek için

İlk olarak Tanrı'yla esenlik içinde olmalıyız.

Tanrı'yla esenliği muhafaza etmekte en önemli şey, günah duvarına sahip olmamamızdır. Tanrı'nın sözünü çiğnediği ve yasak meyveyi yediği için Âdem, Tanrı'dan saklanmak zorunda kaldı (Yaratılış 3:8). Geçmişte Tanrı'yla yakınlığı duyumsamıştı, ama şimdi Tanrı'nın varlığı korku ve uzaklık duygularını getirmişti çünkü Tanrı'yla olan esenliği günahı yüzünden bozulmuştu.

Aynısı bizim içinde geçerlidir. Gerçekte davrandığımızda Tanrı'yla esenlik içinde oluruz ve O'nun önünde cesaretimiz olur.

Kuşkusuz ki tam ve yetkin bir esenliğe sahip olmak için tüm günahları ve kötülükleri yüreklerimizden söküp atmalı ve kutsallaşmalıyız. Ama henüz yetkin olmasak bile imanımızın ölçüsü dâhilinde şevkle gerçeği uyguladığımızda Tanrı'yla esenlik içinde olabiliriz. En baştan Tanrı'yla esenlik içinde olamayız, ama imanımızın ölçüsüyle O'nunla esenlik içinde olmayı denediğimizde Tanrı'yla esenlik içinde olabiliriz.

İnsanlarla esenlik içinde olmaya çalıştığımızda evvellikle Tanrı'yla esenlik içinde olmalıyız. Ebeveynlerimizle, çocuklarımızla, eşlerimizle, dostlarımızla ve iş arkadaşlarımızla esenlik içinde olmamız gerekiyorsa da asla gerçeğe aykırı bir şey yapmamalıyız. Kısaca insanlarla esenlik içinde olmak için Tanrı'yla olan esenliği bozmamalıyız.

Örneğin inanlı ailelerle esenlik içinde olmak adına putların önünde eğiliyor ya da Rab'bin Gününü çiğniyorsak? Bir an için esenlik içinde olabiliriz, ama aslında Tanrı'yla aramızda günah duvarı örerek Tanrı'yla olan esenliği ciddi şekilde bozarız. İnsanlarla esenlik içinde olmak için günah işleyemeyiz. Ayrıca bir aile ferdinin ya da dostun düğününe katılmak için Rab'bin Gününü çiğnememiz, Tanrı'yla esenliği bozmaktır ve her şeyin ötesinde bu insanlarla da gerçek esenliğe sahip olamayız.

İnsanlarla gerçek esenliğe sahip olmak için öncelikle Tanrı'yı hoşnut etmeliyiz. O zaman Tanrı, düşman iblis ve Şeytan'ı uzaklaştırır ve kötü insanların düşüncelerini değiştirir. Böylece herkesle esenlik içinde olabiliriz. Özdeyişler 16:7 ayeti şöyle der: "RAB kişinin yaşayışından hoşnutsa Düşmanlarını bile onunla barıştırır."

Kuşkusuz ki bizler gerçeğin içinde elimizden gelenin en iyisi için çabalasak da diğer kişi esenliği bozmaya devam edebilir. Böyle bir durumda sonuna kadar gerçeğe göre tepki verirsek, sonunda Tanrı her şeyin en iyisi için çalışır. Davut ve Kral Saul ile durum böyleydi. Kral Saul, kıskançlığı yüzünden Davut'u öldürmeye çabaladı, ama Davut, sonuna kadar ona iyilikle muamele etti. Davut'un çok kez onu öldürme şansı oldu ama iyiliğin izinde Tanrı'yla esenliği korumayı seçti. Sonunda Tanrı, Davut'un iyi amellerini geri ödemek için onu tahta çıkardı.

İkincisi, kendimizle esenlik içinde olmalıyız.

Kendimizle esenliği tesis etmek için her türlü kötülüğü söküp atmalı ve kutsallaşmalıyız. Yüreğimizde kötülük olduğu sürece kötülüğümüz farklı koşullar altında ajite olacaktır ve böylece esenlik bozulacaktır. Her şey düşündüğümüz gibi yolunda gittiğinde esenlik içinde olduğumuzu düşünebiliriz, ama işler iyi gitmediğinde ve yüreklerimizdeki kötülüğü etkilediğinde esenlik bozulur. Nefret veya öfke yüreklerimizde kaynadığında ne rahatsızlık vericidir! Fakat gerçeği seçmeye devam ettiğimiz sürece koşullar nasıl olursa olsun yüreğimizde esenliğe sahip olabiliriz.

Ancak bazı insanlar, Tanrı'yla esenlik içinde olmak için gerçeği tatbik etmeye çalışmalarına rağmen yüreklerinde gerçek bir esenliğe sahip değillerdir. Bunun nedeni kendilerine has doğrulukları ve karakter özellikleridir.

Örneğin bazı insanlar Tanrı'nın sözüne fazla bağlı olduklarından huzursuzdur. Tıpkı sınamalardan geçmeden önceki Eyüp gibi, hep dua eder ve Tanrı'nın sözüne göre yaşamaya çabalarlar, ama bunları Tanrı'ya olan sevgileriyle yapmazlar. Tanrı'dan ve cezalandırılmaktan korktukları için Tanrı'nın Sözüne göre yaşarlar. Ve eğer bazı şartlar altında gerçeği ihlal ederlerse, hoş olmayan sonuçlarla yüzleşecekleri korkusuyla oldukça gerilirler.

Böyle bir durumda şevkle gerçeği uyguluyor olsalar bile yürekleri nasıl da sıkıntılıdır! Böylece ya ruhani gelişimleri durur ya da sevinci kaybederler. Neticede kendilerine has doğrulukları ve düşünceleri yüzünden sıkıntı çekerler. Böyle bir durumda yasayı tutma eylemiyle obses olmak yerine Tanrı için sevgi yetiştirmeye çalışmalıdırlar. Bir kişi Tanrı'yı tüm yüreğiyle seviyor ve O'nun sevgisini kavrıyorsa gerçek huzurun tadına varabilir.

Bir örnek daha verelim. Bazı insanlar, olumsuz düşündükleri için kendileriyle esenliği tesis edemezler. Gerçeği uygulamaya çalışırlar, ama istedikleri sonuca ulaşamadıklarında kendilerini suçlar ve yüreklerinde acı çekerler. Tanrı'nın önünde üzgün hisseder ve çok fazla eksikleri olduğu düşüncesiyle cesaretlerini kaybederler. "Çevremdeki insanları ya hayal kırıklığına uğratıyorsam? Ya beni terk ederlerse" diye düşünerek esenliği kaybederler.

Böylesi insanlar ruhani çocuklar olmalıdır. Ebeveynlerinin sevgisine inanan bu çocukların düşüncesi oldukça basittir. Hata yapsalar bile anne-babalarından saklamaz, ama daha iyi olacaklarını söyleyerek anne-babalarının kucağına yanaşırlar. Eğer üzgün olduklarını söylüyor ve güven veren sevimli bir suratla daha iyi olacaklarını söylüyorlarsa muhtemelen çocuklarını azarlamak üzere olan ebeveynlerin yüzüne bir gülümseme yayılacaktır.

Kuşkusuz ki bu, sürekli daha iyi olacağınızı söyleyip aynı hatayı tekrar etmeniz anlamına gelmez. Eğer gerçekten günahlarınızdan dönmeyi ve bir daha ki sefere daha iyisini yapmayı arzuluyorsanız neden Tanrı sizden yüzünü çevirsin ki? Gerçekten tövbe edenler, başkaları yüzünden cesaretlerini kaybetmezler. Tabii ki adalete uygun olarak cezalandırılmaları ya da bir süreliğine daha aşağıda bir yerde kalmaları gerekebilir. Buna rağmen Tanrı'nın kendilerine olan sevgisinden gerçekten eminlerse Tanrı'nın cezalandırmasını gönülden kabullenir ve başkalarının fikirleriyle yorumlarını umursamazlar.

Öte yandan kuşku duymaya ve günahlarından bağışlanmadıklarını düşünmeye devam ederlerse Tanrı hoşnut kalmaz. Eğer gerçekten tövbe edip gittikleri yoldan dönerlerse bağışlandıklarına inanmaları Tanrı'nın nazarında hoşnut edicidir. Hataları yüzünden gelen sınamaları sevinç ve şükranla kabullendikleri takdirde, onlar kutsamalara dönüşecektir.

Bu nedenle henüz yetkin olmamamıza rağmen Tanrı'nın bizi sevdiğine inanmalıyız; kendimizi değiştirme çabalarımıza devam edersek bizi yetkin kılacaktır. Ayrıca sınamalarla aşağı çekilirsek, sonunda bizi yükseltecek olan Tanrı'ya güvenmeliyiz. İnsanlarca kabul görme arzusuyla sabırsız hissetmemeliyiz. Eğer hakikate uygun bir yürek ve eylemler biriktirmeye devam edersek, ruhani güvencemiz yanı sıra kendimizle esenlik içinde oluruz.

Üçüncüsü, herkesle esenlik içinde olmalıyız.

Herkesle esenlik içinde olmak için kendimizi feda edebilmeliyiz. Yaşamlarımızı verme noktasında başkaları için feda edebilmeliyiz. Pavlus, "her gün ölüyorum" dedi ve herkesle esenlik içinde olmak için, onun dediği gibi kendimize ait şeyler, fikirler ya da tercihler konusunda ısrar etmemeliyiz.

Esenliğe sahip olmak için uygunsuz davranmamalı ya da kendimizi övüp böbürlenmemeliyiz. Yürekten kendimizi alçakgönüllü kılmalı ve başkalarını yükseltmeliyiz. Önyargılı olmamalı ve aynı zamanda gerçeğe uygun olduğu sürece başkalarının farklılıklarını kabullenebilmeliyiz. Kendi imanımızın ölçüsüyle değil, ama başkalarının görüş açısından düşünmeliyiz. Bizim fikrimiz doğru veya belki de daha iyi olsa bile yinede başkalarının fikirlerini izleyebilmeliyiz.

Fakat bu, günah işleyerek ölüm yolunda ilerliyor olmalarına rağmen onları oldukları gibi bırakmamız ve kendi yollarında gitmelerine izin vermemiz anlamına gelmez. Bu anlama gelmediği gibi onlarla uzlaşmamalı ya da gerçeğe aykırı şeylerin uygulanmasında onlara katılmamalıyız. Sevgiyle bazen onlara öğütlemeli ya da tembihlerde bulunmalıyız. Gerçekle esenliğin ardınca gittiğimiz sürece büyük kutsamalara nail olabiliriz.

Ayrıca herkesle esenlik içinde olmamız için kendimize has doğruluklar ve düşünceler üzerinde ısrar etmemeliyiz. 'Düşünceler', bir bireyin kendince doğru ve yerinde olduğunu düşündükleridir. Buradaki 'kendine has doğruluk', bir kişinin üstün olduğunu düşündüğü kişisel fikirlerini, düşüncelerini, inanç ve görüşlerine başkalarına empoze etmeye çalışmasıdır. Kendine has doğruluk ve düşünceler, yaşamlarımızda çeşitli şekillerde kendilerini gösterirler.

Ya bir kişi bir şirketin düzenlemelerini ihlal eder ve o düzenlemelerin yanlış olduğunu düşünerek eylemlerini haklı görürse? Doğru olanı yaptığını düşünebilir, ama kuşkusuz patronu ve diğer çalışanlar tersini düşüneceklerdir. Ayrıca gerçeğe aykırı olmadığı sürece başkalarının fikirlerini izlemek gerçeğe uygundur.

İnsanlar farklı çevrelerde büyüdüğünden her bireyin farklı bir kişiliği vardır. Her birey farklı bir eğitim almıştır ve her bireyde imanın ölçüsü farklıdır. Dolayısıyla her bireyin doğru ile yanlış ya da iyiyle kötü hakkındaki yargısı farklıdır. Bir kişi belli bir şeyin doğru olduğunu düşünürken, diğeri yanlış olduğunu düşünür.

Örneğin karı-koca arasındaki ilişki hakkında konuşalım. Koca, evinin temiz olmasını ister, ama eşi bunu yapmaz. Başlangıçta koca bunlara sevgiyle dayanır ve temizliği kendi yapar. Fakat bu devam ettikçe hüsrana uğrar. Eşinin yeterli ev eğitimi almadığını düşünmeye başlar. Böylesine basit ve doğru bir şeyi neden yapmadığını düşünür. Alışkanlıklarının bunca yıla ve kendisinin sıkça tembihine rağmen neden değişmediğini anlamaz.

Fakat öte yandan eşinin de söyleyecek bir şeyi vardır. Kadının kocasına duyduğu hayal kırıklığı, "Varoluşum sadece temizlik ve ev işi yapmaktan ibaret değil. Bazen temizlik yapamıyorsam kendisi de yapmalı. Neden bu konuda bu kadar yakınıyor? Eskiden benim için her şeyi yapmaya istekli görünüyordu, ama şimdi ufak meseleler üzerinde bile tartışıyor. Benim aile terbiyem hakkında bile konuşuyor" düşüncesiyle artar. Eğer her biri kendi fikir ve arzularında ısrar ederlerse esenliğe sahip olamazlar. Esenlik; salt kendi düşüncelerini değil, sadece diğerinin düşüncesini dikkate almak ve birbirlerine hizmet etmekle tesis edilir.

İsa, Tanrı'ya adak adayacağımız zaman kardeşlerimizden biriyle aramızda bir şey varsa önce gidip onunla barışmamızı ve sonra adağımızı sunmamızı söylemiştir (Matta 5:23-24). Sunularımız ancak kardeşimizle barışı tesis edip adağımızı sunduğumuz takdirde kabul edilir.

Tanrı'yla ve kendileriyle esenlik içinde olanlar, başkalarıyla esenliği bozmazlar. Açgözlülüğü, kibri, kendilerine has doğruluğu ve düşünceleri çoktan söküp atmış olduklarından kimseyle kavga etmezler. Başkaları kötü olup sorun çıkarsa bile bu insanlar sonunda esenliği kurmak için kendilerini feda edeceklerdir.

İyi sözler önemlidir

Esenliği tesis etmeye çalışırken dikkate almamız gereken birkaç şey vardır. Barışın tesisi için sadece iyi sözlerle konuşmak çok önemlidir. Özdeyişler 16:24 ayeti şöyle der: "Hoş sözler petek balı gibidir, Cana tatlı ve bedene şifadır." İyi sözler, cesaretlerini kaybetmiş olanlara güç ve cesaret verir. Ölmekte olan ruhları dirilten iyi bir ilaç olabilirler.

Öte yandan kötü sözler esenliği bozar. Kral Süleyman'ın oğlu Rehavam tahtta çıktığında, on kavimden insanlar üzerlerine yüklenen ağır yükü hafifletmesini kendisinden istediler. Kralın yanıtı şu oldu: "Babamın size yüklediği boyunduruğu ben daha da ağırlaştıracağım. Babam sizi kırbaçla yola getirdiyse, ben sizi akreplerle yola getireceğim" (2. Tarihler 10:14). Bu sözler yüzünden kral ve halkının arası bozuldu ve sonunda ülke ikiye bölündü.

İnsanın dili vücudunun en küçük parçasıdır, ama muazzam bir gücü vardır. Büyük bir yangına dönüşen ufak bir alev gibidir ve kontrol edilemediğinde büyük oranda zarar verir. Bu sebeple Yakup 3:6 ayeti şöyle der: "Dil de bir ateş, bedenimizin üyeleri arasında bir kötülük dünyasıdır. Bütün varlığımızı kirletir. Cehennemden alevlenmiş olarak yaşamımızın gidişini alevlendirir." Ayrıca Özdeyişler 18:21 ayeti şöyle der: "Dil ölüme de götürebilir, yaşama da; Konuşmayı seven, dilin meyvesine katlanmak zorundadır."

Özellikle fikir ayrılıkları yüzünden hınçla konuşup yakındığımızda kötü duyguları barındırırlar ve bu yüzden düşman iblisle Şeytan, bunlar yüzünden suçlamalar getirir. Ayrıca bu duyguları içeride barındırmakla dışa sözler ve eylemlerle vurmak çok farklıdır. Cebinizde mürekkep şişesi taşımanız başka bir şey, onu açıp dökmeniz ise tamamıyla başka bir şeydir. Eğer dökerseniz kendiniz yanı sıra, çevrenizdekileri de lekeler.

Aynı şekilde Tanrı'nın işini yaptığınızda bazı şeyler sizin fikirlerinizle uyuşmadığı için de yakınabilirsiniz. O zaman sizinle aynı fikirde olanlarda aynı şekilde konuşur. Eğer sayı ikiye ve üçe yükselirse, şeytanın havrasına dönüşür. Kilisedeki esenlik bozulur ve kilisenin gelişimi bozulur. Bu yüzden her zaman sadece iyi şeyleri görmeli, duymalı ve konuşmalıyız (Efesliler 4:29). Gerçeğin ve iyiliğin karşısında olan sözleri bile duymamalıyız.

Başkalarının bakış açısından bilgece düşünün

Dikkate alacağımız ikinci vaka ise sizin değil ama diğer kişinin esenliği bozduğu durumlardır. Burada bunun gerçekten diğer kişinin hatası olup olmadığını düşünmelisiniz. Bazen sizinde farkında olmadığınız şekilde esenliğin bozulmasına neden olan sizsinizdir.

Düşüncesizliğiniz ya da akılsızca sözleriniz veya davranışlarınız yüzünden diğerlerinin duygularını incitebilirsiniz. Böyle bir durumda karşıdaki kişiye hiçbir kötü his beslemediğinizi düşünmeye devam ederseniz ne o kişiyle esenliği tesis edebilir ne de değişmenizi sağlayacak kavrayışa sahip olabilirsiniz. Diğer kişinin nazarında bile gerçekten barışı tesis eden bir kişi olup olmadığınızı gözden geçirebilmelisiniz.

Bir amir, kendisinin barışı muhafaza ettiğini ama çalışanlarının zorluk çıkardığını düşünebilir. Çalışanlar hislerini açıkça amirlerine ifade edemeyebilir ve sadece katlanıp içten yaralanırlar.

Chosun Hanedanlığında Başvekil Hwang Hee ile ilgili ünlü bir olay vardır. İki öküzle tarlasını süren bir çiftçiyi görür. Yüksek sesle çiftçiye şu soruyu yöneltir: "Öküzlerden hangisi daha çalışkandır?" Çiftçi birdenbire onun omuzlarına sarılır ve onu biraz uzağa çeker. Sonra fısıltıyla kulağına eğilerek, "Siyah olanı bazen tembellik yapıyor, ama sarı olanı çok çalışkandır," der. Hwang Hee yüzünde tebessümle, "Neden beni burayı çektin ve öküzlerinle ilgili kulaklarıma fısıldadın?" diye sorar. Çiftçi şöyle yanıtlar: "hayvanlar bile onların hakkında kötü konuşmamızdan hoşlanmazlar." Denir ki; Hwang Hee o zaman düşüncesizliklerinin farkına varmıştır.

Peki ya iki öküz çiftçinin söylediklerini anlasaydı? Sarı öküz kibirleşir, siyah öküz ise sarı olana sorun çıkaracak şekilde kıskanırdı ya da eskisinden daha az çalışacak şekilde cesareti kırılırdı.

Bu hikâyeden hayvanlar için bile düşünceli olmayı, kayırıcı olabilecek sözler söylerken ya da eylemlerde bulunurken dikkatli olmamız gerektiğini öğrenebiliriz. Kayırıcılığın olduğu yerde kıskançlık ve kibir olur. Örneğin birçok kişinin önünde sadece bir kişiyi överseniz ya da pek çok insanın önünde bir kişiyi azarlarsanız, o zaman geçimsizliğin temellerini atıyorsunuzdur. Bu tür sorunlara neden olmamak için dikkatli ve yeterince bilge olmalısınız.

Ayrıca patronlarının kayırıcılığı ve ayrımcılığı yüzünden sıkıntı çeken insanlar vardır. Fakat buna rağmen kendileri patron olduklarında belli insanlara karşı ayrımcılık yapar ve diğerlerine karşı da kayırıcı olurlar. Ancak bu tür haksızlıklardan çektiyseniz sözlerinizde ve davranışlarınızda dikkatli olmanız gerektiğini anlamalısınız ki esenlik bozulmasın.

Yürekteki gerçek esenlik

Barışı tesis ederken düşünmeniz gereken bir diğer şey ise, gerçek esenliğin yürekte tesis edileceğidir. Tanrı'yla ya da kendileriyle esenlik içinde olmayanlar bile belli ölçüde başkalarıyla esenlik içinde olabilirler. Pek çok inanlı sürekli esenliği bozmamaları gerektiğini duyar ve bu yüzden kötü hislerini kontrol edebilir ve kendilerinden farklı düşünceleri olanlarla çatışmaya girmeyebilirler. Fakat dıştan bir anlaşmazlığın olmaması, esenliğin meyvesini verdikleri anlamına gelmez. Ruh'un meyvesi sadece dıştan değil ama yürekte de verilmelidir.

Örneğin bir kişi size hizmet etmiyor ya da sizi kaile almıyorsa gücenir, ama bunu dışa dönük ifade etmeyebilirsiniz. "Biraz daha sabırlı olmalıyım" diye düşünebilir ve o kişiye hizmet edebilirsiniz. Ama aynı şeyin tekrar ettiğini düşünün.

O zaman kırgınlığınız birikebilir. Gururunuzu inciteceği için doğrudan kırgınlığınızı ifade edemez, ama dolaylı olarak o kişiyi eleştirebilirsiniz. Bir şekilde kendinize eziyet çektirildiği algısını ifşa edebilirsiniz. Bazen başkalarını anlayamazsınız ve bu da onlarla esenlik içinde olmayı önler. Tartıştığınız takdirde kavga edeceğiniz korkusuyla ağzınızı açmazsınız. O kişiye tepeden bakarak, "O kötü ve öylesine ısrarcı ki onunla konuşamam" diye düşünerek onunla konuşmayı kesersiniz.

Bu şekilde dışa dönük esenliği bozmaz, ama o kişiye karşı iyi hislerde beslemezsiniz. Onun fikirlerine katılmaz ve hatta onun çevresinde olmak istemediğiniz hissine kapılabilirsiniz. Hatta o kişinin zaaflarını başkalarına bile anlatabilirsiniz. "O gerçekten kötü biri. Herkes nasıl oluyor da onu ve yaptıklarını anlıyor! Ama iyilikle davranarak yinede ona katlanacağım" diyerek rahatsızlığınızdan bahsedersiniz." Kuşkusuz ki doğrudan esenliği bozmaktansa bu şekilde bozmamak daha iyidir.

Fakat gerçek esenliğe sahip olmak için başkalarına yürekten hizmet etmelisiniz. Böylesi hisleri bastırmamalı ve yine de hizmet etmeyi istemelisiniz. Hizmet etmeye istekli olmalı ve başkalarının çıkarlarını gözetmelisiniz.

İçinizden yargılarken dıştan sadece gülümsememelisiniz. Başkalarının bakış açısından anlamaya çalışmalısınız. Ancak o zaman Kutsal Ruh iş görür. Kendi çıkarlarını gözetirken dahi yüreklerine tesir edecek ve değişebileceklerdir. Müdahil olan her bireyin zaafları olduğunda her biri kabahati üstlenebilir. Ve sonunda herkes gerçek bir esenliğe kavuşabilir, yüreklerini paylaşabilirler.

Barışı sağlayanlar için kutsamalar

Tanrı'yla, kendileriyle ve başkalarıyla esenlik içinde olanların karanlığı uzaklaştırma yetkinliği vardır. Dolayısıyla çevrelerinde barışı tesis edebilirler. Matta 5:9 ayetinde, "Ne mutlu barışı sağlayanlara! Çünkü onlara Tanrı oğulları denecek" yazıldığı gibi, onlarda Tanrı'nın çocukları olmanın ve ışığın yetkinliği vardır.

Örneğin bir kilise önderiyseniz, inanlıların esenliğin meyvesini vermesine yardım edebilirsiniz. Kısaca yetkinliğe ve güce sahip olarak, onları Tanrı'nın sözüyle beslersiniz ki kendilerine has doğruluklarını ve düşüncelerini kırabilsinler ve günahtan uzaklaşabilsinler. İnsanları birbirlerinden koparan Şeytan'ın havrası oluştuğunda, sözünüzün gücüyle onu yıkabilirsiniz. Bu şekilde farklı insanlar arasına esenliği getirebilirsiniz.

Yuhanna 12:24 ayeti şöyle der: "Size doğrusunu söyleyeyim, buğday tanesi toprağa düşüp ölmedikçe yalnız kalır. Ama ölürse çok ürün verir." İsa, kendisini kurban etti, bir buğday tanesi gibi öldü ve sayısız meyve verdi. Ölmekte olan sayısız insanın günahlarını bağışladı ve onların Tanrı'yla esenlik içinde olmasını sağladı. Bunun sonunda büyük bir onur ve görkeme sahip olarak, Rab'bin kendisi kralların Kralı ve rablerin Rab'bi oldu.

Ancak kendimizi feda ettiğimizde bolca hasat alabiliriz. Baba Tanrı, tıpkı İsa gibi bolca meyve vermeleri için sevgili çocuklarından fedakârlık yapmasını ve 'buğday tanesi gibi ölmesini' ister. İsa ayrıca Yuhanna 15:8 ayetinde şöyle demiştir: "Babam çok meyve vermenizle yüceltilir. Böylelikle öğrencilerim olursunuz." Ayette de denildiği gibi, esenliğin meyvesini vermek ve pek çok insanı kurtuluş yoluna getirmek için Kutsal Ruh'un arzularını izleyelim.

İbraniler 12:14 ayeti şöyle der: "Herkesle barış içinde yaşamaya, kutsal olmaya gayret edin. Kutsallığa sahip olmadan kimse Rab'bi göremeyecek." Eğer başkaları sizin yüzünüzden rahatsız oluyor ve çekişmeler oluşuyorsa, tamamen haklı olsanız bile Tanrı'nın nazarında hoş kaçmaz ve bu yüzden dönüp kendinize bakmalısınız. O zaman içinde hiçbir kötülüğün olmadığı kutsal bir insana dönüşebilir ve Rab'bi görebilirsiniz.

Bunu yaparken, bu dünyada Tanrı'nın oğulları dile çağrılarak, ruhani yetkinliğin tadını çıkarmanızı ve her daim Rab'bi görebileceğiniz göklerde onurlu bir yere sahip olmanızı umut ediyorum.

Yakup 1:4

"Dayanma gücü de, hiçbir eksiği olmayan, olgun, yetkin kişiler olmanız için tam bir etkinliğe erişsin."

Bu Tür Nitelikleri Yasaklayan Yasa Yoktur

5. Bölüm

Sabır

Sabırlı olması gerekmeyen sabır
Sabrın meyvesi
İmanın atalarının sabrı
Göksel egemenliğe taşıyan sabır

Sabır

Pek sıklıkla hayattaki mutluluğumuz, sabırlı olup olmadığımıza bağlıdır. Ebeveynlerle çocuklar, karı-kocalar ve kardeşlerle arkadaşlar arasında insanlar sabırsız oldukları için sonradan oldukça pişman olacakları şeyler yaparlar. Eğitimimizde, işimizde ya da işyerimizde başarı sabrımıza bağlıdır. Sabır, hayatlarımızın öylesine önemli bir unsurudur.

Ruhani sabır ve dünyevi insanların öğrettiği sabır, birbirlerinden oldukça farklıdır. Bu dünyada insanlar sabırla katlanırlar, ama bu, benliğin sabrıdır. Rahatsızlık verici hislere sahipler ise, onları bastırmaya çalışmaktan ıstırap duyarlar. Dişlerini sıkar ve hatta yemeden bile kesilirler. Sonunda gerginliğe ya da depresyona davetiye çıkarır. Buna rağmen duygularını bastırabilen böylesi insanların büyük sabır gösterdiğini söylerler. Fakat bu, ruhani sabır değildir.

Sabırlı olması gerekmeyen sabır

Ruhani sabır kötülükle sabırlı olmak değil, ama sadece iyilikle sabırlı olabilmektir. Eğer iyilikle sabırlı olursanız, şükran ve umutla zorlukların üstesinden gelebilirsiniz. Bu, daha genişçe bir yüreğe sahip olmanın yolunu açacaktır. Diğer yandan kötülükle sabrediyorsanız, rahatsızlık veren duygular birikecek ve yüreğiniz giderek daha da sertleşecektir.

Birinin size küfrettiğini ve sebepsiz yere sıkıntı çektirdiğini farz edin. Onurunuzun zedelendiğini hissedebilir ve hatta mağdur edildiğinizi düşünebilirsiniz, ama ayrıca Tanrı'nın Sözüne göre sabırlı olmanız gerektiğini düşünerek de onu bastırabilirsiniz. Ancak yüzünüz kızarır, soluklarınız hızlanır ve sanki düşüncelerinizle duygularınızı kontrol edebiliyormuşsunuz gibi dudaklarınızı sıkarsınız. Bu şekilde duygularınızı bastırırsanız, işler daha da kötüleştiğinde birdenbire ortaya çıkabilirler. Böylesi bir sabır, ruhani bir sabır değildir.

Eğer ruhani sabrınız varsa yüreğinizi hiçbir şey ajite edemez. Hatta hatayla suçlandığınızda bile bir tür yanlış anlama olduğunu düşündürerek insanları rahatlatmaya çabalarsınız. Böyle bir yüreğe sahipseniz, hiç kimseye 'katlanmak' ya da hiç kimseyi 'bağışlamak' zorunda kalmazsınız. Size bir örnek vereyim.

Soğuk bir kış gecesi bir evin ışıkları geç saatlere kadar yanmaktaydı. Evdeki bebeğin 40 dereceye (104 °F) çıkan ateşi vardı. Bebeğin babası fanilasını soğuk suya batırıp çocuğu kucakladı. Bebeğin üzerine soğuk havlu koyunca bebek bundan hoşlanmadı. Oysa bebek ıslak fanilaya rağmen babasının kollarında olmaktan rahatsız olmamıştı.

Bebeğin ateşi yüzünden fanila ısınınca babası onu tekrar soğuk suyun altında ıslattı. Sabah olana dek babası pek çok kez fanilasını ıslatmak zorunda kaldı, ama yorulmuş görünmüyordu. Aksine babasının kollarında güven içinde uyuyan bebeğine sevgi dolu gözlerle bakıyordu.

Tüm gece boyunca ayakta kalmasına rağmen ne yorgunluktan ne de açlıktan yakınmadı. Kendi bedenini düşünme lüksüne sahip değildi. Tüm dikkati bebeğin üzerindeydi ve oğluna nasıl daha fazla iyi hissettireceğini ve rahatlatacağını düşünüyordu. Ve bebek daha iyi olduğunda kendi çektiği cefayı düşünmedi. Birini sevdiğimizde otomatik olarak zorluklar ve cefaya katlanabiliriz ve bu yüzden hiçbir şey için sabırlı olmaya ihtiyacımız olmaz. İşte bu, 'sabrın' ruhani anlamıdır.

Sabrın meyvesi

"Sevgi Bölümü" olan 1. Korintliler 13'de 'sabrı' bulabiliriz ve bu, sevgiyi yetiştirmek için gerekli olan sabırdır. Örneğin sevginin kendi çıkarını gözetmediği yazılır. Bu söze göre isteklerimizden vazgeçip öncelikle başkalarının çıkarlarını gözetmek için, sabır gerektiren şartlarla yüzleşiriz. "Sevgi bölümündeki" sabır, sevgiyi yetiştirmek için gerekli olan sabırdır.

Fakat Kutsal Ruh'un meyvelerinden biri olan sabır her şey içindir. Bu sabır, ruhani sevgide geçen sabırdan daha yüksek seviyede olan sabırdır. İster Tanrı'nın egemenliği için olsun isterse kendi şahsi kutsallaşmamız için olsun, bir amacı başarmaya çalıştığımızda zorluklar olur. Tüm enerjimizi tüketen kahır ve emekler olur. Fakat meyve vermeye umut beslediğimizden imanla ve sevgiyle sabır gösterip katlanabiliriz. Bu sabır, Kutsal Ruh'un meyvelerinden biridir. Bu sabrın üç hali bulunur.

İlki yüreğimizi değiştiren sabırdır.

Yüreğimizde ne kadar çok kötülük varsa sabırlı olmak o kadar zorlaşır. Eğer öfkeye, açgözlülüğe, kendimize has doğruluk ve düşüncelere belli ölçülerde sahip isek, ufak meselelerde dahi kızacak ve sıkıntılı hislere sahip olacağız.

Aylık maaşı 15,000 Amerikan doları olan bir kilise üyesi vardı ve belli aylarda geliri her zamankinden daha az olabiliyordu. O vakit kırgınlıkla Tanrı'ya yakındı. Daha sonra yüreğinde açgözlülük olduğu için tadına varmakta olduğu zenginliğe minnet duymadığını itiraf etti.

Kazancımız çok olmasa bile Tanrı'nın bizlere verdiği her şey için şükran duymalıyız. O zaman yüreklerimizde açgözlülük

yetişmez ve Tanrı'nın kutsamalarını alabiliriz.
Fakat kötülüğü söküp attıkça ve kutsallaştıkça sabırlı olmak daha da kolaylaşır. Zor şartlar altında bile sessizce katlanabiliriz. Hiçbir şeyi bastırmak zorunda kalmadan başkalarını anlayabilir ve bağışlayabiliriz.

Luka 8:15 ayeti şöyle der: "İyi toprağa düşenler ise, sözü işitince onu iyi ve sağlam bir yürekte saklayanlardır. Bunlar sabırla dayanarak ürün verirler." Kısaca iyi toprak misali iyi yüreklere sahip olanlar, iyi meyveler verene dek sabırlı olabilirler.

Fakat yinede sabra ve yüreklerimizi iyi toprağa dönüştürmek için çabaya gereksinimiz vardır. Kutsallık salt sahip olma arzumuzla otomatikman başarılmaz. Tüm yüreğimizle dua ederek ve oruç tutarak, kendimizi gerçeğe itaatkâr kılmalıyız. Bir zamanlar sevdiğimiz şeyleri bırakmalı ve eğer bir şey ruhsal bakımdan yararlı değilse, onu söküp atmalıyız. Tam ortasında ya da birkaç denemeden sonra vazgeçmemeliyiz. Kutsallaşmanın meyvesini tamamıyla verene ve amacımıza ulaşana dek özdenetimle ve Tanrı'nın Sözüne göre davranarak elimizden gelenin en iyisini yapmalıyız.

İmanımızın nihai varış noktası göksel egemenliktir ve özellikle en güzel yer olan Yeni Yeruşalim'dir. Varış noktamıza ulaşana dek şevk ve sabırla ilerlemeye devam etmeliyiz.

Ama bazen şevk içinde Hrıstiyan yaşamlar sürdürdükten sonra yüreklerini kutsallaştırırken bazı insanların yavaşlama yaşadığını görebiliriz.

'Benliğin işlerini' hızla söküp atarlar çünkü onlar dışarıdan gözlemlenebilirdir. Fakat 'benliğin şeyleri' dışarından görülemediğinden onları söküp atmaları yavaşlar. Kendilerinde gerçeğe ait olmayan şeyleri bulduklarında onları söküp atmak için dua eder ama birkaç sonra bunları unuturlar. Otları tamamen sökmek istiyorsanız sadece yapraklarını çekmemeli, ama onu kökünden çıkarmalısınız. Aynı prensip günahkâr doğaya da uygulanır. Son ana kadar, günahkâr doğaları kökünden sökene kadar dua etmeli ve yüreğinizi değiştirmelisiniz.

Yeni bir inanlıyken belli günahları söküp atmak için dua ederdim çünkü Kutsal Kitap'ı okurken Tanrı'nın nefret, öfke ve kibir gibi günahkâr özelliklerinden çok nefret ettiğini anlamıştım. Kararlı bir şekilde kendim-merkezli-görüşlere sıkıca kendimi yapıştırdığımdan yüreğimden nefret ve kötü hisleri söküp atamadım. Fakat dua esnasında Tanrı'nın lütfuyla diğerlerinin görüş açısından anlamak bana bahşedildi. Onlara karşı olan tüm hislerim eridi gitti ve nefretim yitti.

Öfkeyi söküp attıkça sabırlı olmayı öğrendim. Yanlışlıkla suçlandığım durumlarda sessizce 'bir, iki, üç, dört...' diye sayıyor ve dilime gelen sözleri tutuyordum. Başta öfkemi tutmak zor oluyordu ama denemeye devam ettim ve sonunda öfkemle kızgınlığım uzaklaştı. Ve sonunda oldukça öfkelendiren durumlarda dilimin ucuna gelen hiçbir şey kalmadı.

Kibri söküp atmamın üç yıl aldığını sanıyorum. İmanda yeniyken kibrin ne olduğunu bilmezdim, ama yinede onu söküp atmak için dua ettim. Dua ederken kendimi gözden geçirmeye devam ettim. Ve bunun sonucunda pek çok açıdan benim çok daha altımda olan insanlara bile saygı duyabildim ve onurlandırabildim. Daha sonra ister önder, isterse yeni atanmış olsunlar, aynı tavırla diğer pederlere de hizmet etmeye başladım.

Sabırla üç yıl dua ettikten sonra kendimde kibre ait hiçbir şey olmadığını fark ettim ve o zamandan beri artık kibir için dua etmem gerekmiyor.

Eğer günahkâr doğayı kökünden çekip çıkarmazsanız, günahın o özelliği olağanüstü durumlarda ortaya çıkar. Çoktan söküp attığına inandığınız gerçeğe ait olmayan yüreğin kalıntılarına hala sahip olduğunuzu fark ettiğinizde hayal kırıklığına uğrarsınız. "Onu söküp atmak için çok uğraştım, ama hala burada benimle," düşüncesiyle cesaretiniz kırılır.

Günahkâr doğanın asıl kökünü çekip çıkarana dek kendinizden gerçeğe ait olmayan şeyler bulabilirsiniz, ama bu, ruhani ilerleme kaydetmediğiniz anlamını taşımaz. Soğanı soyarken benzer kabukların tekrar ederek belirdiğini görebilirsiniz. Ama hiç durmadan soymaya devam ederseniz, sonunda hepsi gider. Aynı şey günahkâr doğa içinde geçerlidir. Onları tamamıyla söküp atmadığınız için cesaretiniz kırılmamalıdır. Kendinizin değişmiş gördüğünüz geleceğe bakarak sonuna kadar sabır göstermeli ve daha fazla çabalamaya devam etmelisiniz.

Bazı insanlar, Tanrı'nın Sözüne göre davrandıktan hemen sonra maddi kutsamalara nail olmadıkları için cesaretlerini kaybederler. İyilikle davrandıktan sonra kayıp dışında karşılığında hiçbir şey almazlar. Hatta bazıları şevkle kiliseye gelmelerine rağmen kutsanmadıklarından yakınırlar. Kuşkusuz ki yakınmak için hiçbir sebep yoktur. Kutsamaları alamamalarının nedeni hala gerçeğe ait olmayan şeyleri yapmaları ve Tanrı'nın söküp atmamızı söylediği şeyleri söküp atamamalarıdır.

Onların yakınıyor oldukları gerçeği, imanlarının odağının

kaydığının bir kanıtıdır. İmanla iyilikte ve gerçekte davranırsanız yorulmazsınız. Ne kadar çok iyilikle hareket ederseniz, o kadar sevinç içinde olursunuz; böylece iyiliğe ait daha fazla şeyin özlemini çekmeye başlarsınız. Bu şekilde imanla kutsallaştığınızda canınız gönenç içinde olacak, her şey sizin için yolunda gidecek ve sağlıklı olacaksınız.

İnsanlar arasındaki ikinci çeşit sabır.

Farklı kişilikleri ve eğitimleri olan insanlara etkileşim içinde olduğunuzda bazı haller ortaya çıkabilir. Özellikle kilise, farklı çevrelerden gelen çok sayıda insanın buluştuğu yerdir. Dolayısıyla en ufak meselelerden en büyük ve en ciddi olanlara dek farklı düşüncelere sahip olabildiğiniz gibi esenlikte bozulabilir.

O zaman insanlar, "Onun düşünceleri benimkilerden tamamıyla farklı. Oldukça farklı karakterlere sahip olduğumuz için onunla çalışmak benim için zordur," diyebilirler. Fakat eşler arasında bile kaç çiftin mükemmelce birbirine uyan karakter özellikleri vardır? Alışkanlıkları ve zevkleri farklıdır, ama birbirlerine uymak için birbirlerini kabullenmek zorundadırlar.

Kutsallaşmanın özlemi içinde olanlar her türlü şart ve insan karşısında sabrı elden bırakmaz ve barışı muhafaza eder. Hatta bazı zor ve rahatsız edici durumlarda başkalarına yardım etmeye çalışırlar. Başkalarını her zaman iyi bir yürekle anlar ve onların çıkarlarını gözeterek katlanırlar. Hatta başkaları kötü davrandığında dahi sadece onlara tahammül ederler. Bu kötülüğün karşılığını sadece iyilikle öderler, kötülükle değil.

Ayrıca insanlara İncil'i öğretirken veya onlara nasihat verirken ya da Tanrı'nın egemenliğini gerçekleştirmeleri için kilise çalışanlarını eğitirken de sabırlı olmalıyız. Peder olarak çalışırken, bazı insanlardaki değişimlerin çok yavaş olduğunu gördüm. Dünyayı dost edindiklerinde ve Tanrı'ya saygısızlık yaptıklarında keder için öylesine çok gözyaşı döktüm, ama asla onlardan vazgeçmedim. Her zaman onlara tahammül ettim çünkü bir gün değişeceklerinin umudunu taşıyordum.

Kilise çalışanlarını yetiştirirken uzunca bir zaman sabırlı olmak zorundayım. Tüm astlarımı yönlendiremem ya da istediğim gibi onları zorlayamam. Her şeyin biraz daha yavaş olacağını bilmeme rağmen "Yeterli değilsin. Seni kovuyorum" diyerek çalışanların ellerinden görevlerini alamam. Onlar yeterli olana dek onlara tahammül ve rehberlik ederim. Onlar için beş, on ya da on beş yıl beklerim ki ruhani eğitimle görevlerini yerine getirmek için yeterli olabilsinler.

Sadece meyve vermediklerinde değil, ama ayrıca yanlış şeyler yaptıklarında da onlara katlanırım ki sendelemesinler. Onların yerine daha yeterli birinin işi yapması ya da onların yerini daha yeterli biriyle değiştirmek daha kolay olabilir. Fakat sonuna kadar onlara katlanmamın sebebi, onların her birinin canıdır ve daha bütünüyle Tanrı'nın egemenliğini yerine getirmektir.

Bu şekilde sabrın tohumunu ekerseniz, Tanrı'nın adaletine göre kesinlikle meyveyi vereceksiniz. Örneğin gözyaşları içinde dua ederek değişene kadar bazı insanlara katlanırsak, hepsine sığınak olacağınız geniş bir yüreğe sahip olacaksınız. Böylece pek çok insanı diriltecek yetkinliği ve gücü elde edeceksiniz. Doğru bir insanın duasıyla yüreğinize sığınan insanları değiştirecek güce sahip olacaksınız. Ayrıca yanlış suçlamalar karşısında bile yüreğinizi kontrol eder ve sabrın tohumunu ekerseniz, Tanrı, kutsamaların meyvesini vermenizi sağlayacaktır.

Üçüncüsü Tanrı'yla olan ilişkimizdeki sabırdır. Bundan kasıt, dualarınıza yanıt alana dek sahip olmanız gereken sabırdır. Markos 11:24 ayeti şöyle der: "Bunun için size diyorum ki, duayla dilediğiniz her şeyi daha şimdiden almış olduğunuza inanın, dileğiniz yerine gelecektir." İman sahibiysek Kutsal Kitap'ın altmış altı kitabında bulunan tüm sözlere inanırız. Tanrı'nın dilediğimizi alacağımızı söyleyen vaatleri vardır ve bu yüzden duayla her şeyi başarabiliriz.

Fakat bu, hiç kuşkusuz sadece dua edip hiçbir şey yapmayacağımız anlamına gelmez. Yanıt alabileceğimiz şekilde Tanrı'nın Sözünü tatbik etmeliyiz. Örneğin sınıfın vasat bir öğrencisi, en başarılı öğrenci olmak için dua eder. Fakat ders sırasında hayallere dalar ve derslerini çalışmaz. Sınıfın en başarılı öğrencisi olabilecek midir? Dua ederken çok da çalışmalıdır ki Tanrı, sınıfın en başarılı öğrencisi olması için ona yardım edebilsin.

Aynısı iş hayatında da geçerlidir. İşinizin büyümesi için içtenlikle dua edersiniz, ama amacınız bir başka ev almak, emlak yatırımı yapmak ve lüks bir araba sahibi olmaktır. Dualarınızın yanıtını alabilir misiniz? Kuşkusuz ki Tanrı, çocuklarının bolluk içinde yaşamasını ister, ama bir kişinin açgözlülüğünü dindirmek için ettiği dualardan hoşnut olmaz. Fakat eğer ihtiyacı olanlara yardım etmek ve misyonerlik çalışmalarını desteklemek için kutsanmayı istiyorsanız ve yasadışı hiçbir şey yapmadan doğru yolu izliyorsanız, Tanrı, sizi kesinlikle kutsamaların yoluna çıkaracaktır.

Tanrı'nın, çocuklarının dualarını yanıtlayacağına dair Kutsal Kitap'ta pek çok vaat bulunur. Fakat çok sefer yeterince sabırlı olamadıkları için insanlar yanıt alamazlar. İnsanlar hızlı yanıt bekleyebilirler, ama Tanrı, onları hızla yanıtlamayabilir.

Tanrı, en uygun ve en müsait zamanda onları yanıtlar çünkü O, her şeyi bilir. Eğer onların dualarının konusu büyük ve önemli bir şey ise, Tanrı ancak duanın miktarı dolduğunda onları yanıtlayabilir. Daniel, ruhani şeylerin esinlenmesini almak üzere dua ettiğinde; Tanrı, Daniel duaya başladığı andan itibaren yanıtı alması için meleğini göndermiştir. Fakat Daniel'in melekle karşılaşması için yirmi bir gün geçmişti. Bu yirmi bir gün boyunca Daniel, duaya ilk başladığı andaki aynı içten yürekle dua etmeye devam etti. Eğer bir şeyin çoktan bize verildiğine gerçekten inanırsak, o zaman onu almak için beklemek zor olmaz. Sorunlarımıza çözümleri aldığımızda sahip olacağımız sevinci düşüneceğiz.

Bazı inanlılar, dualarında Tanrı'dan dilediklerini alana dek bekleyemezler. Tanrı'dan duayla ve oruç tutarak isteyebilir, ama eğer yanıt yeterince hızlı gelmiyorsa, Tanrı'nın kendilerini yanıtlamayacağını düşünerek bunu düşünmekten vazgeçebilirler.

Eğer gerçekten inanarak dua etseydik cesaretimiz kırılmazdı ya da vazgeçmezdik. Yanıtın ne zaman geleceğini bilemeyiz. Yarın mı, bu gece mi, bir sonraki duamızdan sonra mı, yoksa bir sonraki yıl mı? Tanrı, bizleri yanıtlayacağı doğru zamanı bilir.

Yakup 1:6-8 ayetleri şöyle der: "Yalnız hiç kuşku duymadan, imanla istesin. Çünkü kuşku duyan kişi rüzgarın sürükleyip savurduğu deniz dalgasına benzer. Her bakımdan değişken, kararsız olan kişi Rab'den bir şey alacağını ummasın."

Tek önemli şey, dua ettiğimizde ne kadar sağlamca inandığımızdır. Eğer gerçekten yanıtı çoktan aldığımıza inanırsak, her türlü koşulda mutlu ve memnun olabiliriz. Eğer yanıt alacak imana sahipsek, meyvesi elimize verilene dek imanla dua edecek ve hareket edeceğiz. Dahası yüreğimiz sıkıntı içindeyken ya da Tanrı'nın işini yaparken eziyete maruz kalırken sadece sabırla iyiliğin meyvelerini verebileceğiz.

İmanın atalarının sabrı

Maraton yarışında koşarken zor anlar olacaktır. Ve böylesine zor anların üstesinden geldikten sonra yarışı bitirmenin sevincinin ne büyük olduğunu ancak bunu deneyim edenler bilir. İman yarışında koşan Tanrı çocukları da zaman zaman zorluklarla yüzleşebilirler, ama her şeyin üstesinden İsa Mesih'e bakarak gelirler. Tanrı onlara lütuf ve gücünü verecek, Kutsal Ruh'ta ayrıca yardım edecektir.

İbraniler 12:1-2 ayeti şöyle der: "İşte çevremizi bu denli büyük bir tanıklar bulutu sardığına göre, biz de her yükü ve bizi kolayca kuşatan günahı üzerimizden sıyırıp atalım ve önümüze konan yarışı sabırla koşalım. Gözümüzü imanımızın öncüsü ve tamamlayıcısı İsa'ya dikelim. O kendisini bekleyen sevinç uğruna utancı hiçe sayıp çarmıhta ölüme katlandı ve Tanrı'nın tahtının sağında oturdu."

İsa, kurtuluşun takdiri ilahisini gerçekleştirene dek yarattıklarından gelen alay ve aşağılamalar yüzünden büyük acılar çekti. Fakat Tanrı'nın tahtının sağında oturacağını ve kurtuluşun insanlara bahşedileceğini bildiğinden, fiziksel utancı düşünmeden son ana kadar katlandı. Neticede insanların günahlarını yüklenerek çarmıhta öldü, ama kurtuluş yolunu açmak için üçüncü gün dirildi. Ölene dek sevgi ve imanla itaat ettiği için Tanrı O'nu kralların kralı ve rablerin Rab'bi ilan etti.

Yakup, İbrahim'in torunuydu ve İsrail ulusunun babası oldu. Israrcı bir yüreği vardı. Erkek kardeşi Esav'ı kandırarak kutsanma hakkını elinden aldı ve Harran'a kaçtı. Tanrı'nın vaadini Beytel'de aldı. Yaratılış 28:13-15 ayetleri şöyle der: "...Üzerinde yattığın toprakları sana ve soyuna vereceğim. Yeryüzünün tozu kadar sayısız bir soya sahip olacaksın. Doğuya, batıya, kuzeye, güneye doğru yayılacaksınız. Yeryüzündeki bütün halklar sen ve soyun aracılığıyla kutsanacak. Seninle birlikteyim. Gideceğin her yerde seni koruyacak ve bu topraklara geri getireceğim. Verdiğim sözü yerine getirinceye kadar senden ayrılmayacağım." Yakup, yirmi yıl sınamalara katlandı ve sonunda tüm İsrailoğullarının babası oldu.

Yusuf, Yakup'un on birinci oğluydu ve diğer erkek kardeşlerinin arasından babasının tüm sevgisini alanda oydu. Bir gün kendi erkek kardeşlerinin eliyle Mısır'a bir köle olarak satıldı. Yabancı bir ülkede köle oldu ama cesaretini kaybetmedi. İşinde elinden gelenin en iyisini yaptı ve sadakatiyle efendisi tarafından kabul gördü. Efendisinin evinin tüm işlerini ilgilenirken konumu daha da iyileşti, ama haksız yere suçlandı ve siyasi zindana atıldı. Sınamalar birbirini kovaladı.

Kuşkusuz ki tüm aşamalar, Mısır'ın başvekili olması için Tanrı'nın lütufunun onun için hazırladığı bir süreçti. Fakat Tanrı dışında bunu kimse bilmiyordu. Buna rağmen Yusuf zindanda bile cesaretini kaybetmedi ve çocukluğunda kendisine bahşedilen

Tanrı vaadine inandı. Güneşin, ayın ve on bir yıldızın önünde eğildiğini gördüğü düşünün, Tanrı tarafından gerçekleştirileceğine ve hiçbir koşul altında sarsılmayacağına inandı. Tamamıyla Tanrı'ya güvendi, tüm meselelere katlandı ve Tanrı'nın Sözü doğrultusunda doğru yolu izledi. İmanı, gerçek imandı.

Peki ya siz aynı durumda olsaydınız? Bir köle olarak satıldığı günden itibaren on üç yıl boyunca neler hissettiğini tasavvur edebilir misiniz? Muhtemelen bu durumdan kurtulmak için Tanrı'ya bolca dua edersiniz. Tanrı'dan yanıt alabilmek için muhtemelen kendinizi gözden geçirir ve düşünebildiğiniz her şeyden tövbe ederdiniz. Ayrıca gözyaşları içinde ve içten sözlerle Tanrı'nın lütufunu dilerdiniz. Ve eğer bir yılda, iki yılda ve hatta on yılda yanıt almak yerine, daha zor koşullar içinde kendinizi bulsaydınız ne hissedersiniz?

Hayatının en enerjik olduğu yıllarda hapisteydi ve sahip olduğu iman olmasaydı, günlerinin anlamsızca geçtiğini gördükçe çaresizlik hissine batabilirdi. Babasının evindeki iyi yaşantısını düşünecek olsaydı daha da çaresizliğe düşerdi. Ama Yusuf, kendisini izlemekte olan Tanrı'ya her zaman güvendi ve sonunda doğru zamanda en iyisini bahşeden Tanrı'nın sevgisine kararlılıkla inandı. İç karartıcı sınamalarda asla umudunu kaybetmedi ve düşü sonunda gerçek olana dek bağlılıkla ve iyilikle hareket etti.

Ayrıca Tanrı, Davut'u da gönlüne uygun bir adam olarak gördü. Fakat bir sonraki kral olarak mesh edildiğinde bile Kral Saul tarafından kovalanması dâhil pek çok sınamadan geçmek zorunda kaldı. Pek çok kez neredeyse öldürüleceği koşullardan geçti. Tüm bu zorluklara imanla katlanarak, tüm İsrail'i yönetebilen büyük bir kral oldu.

Yakup 1:3-4 ayetleri şöyle der: "...bilirsiniz ki, imanınızın sınanması dayanma gücünü yaratır. Dayanma gücü de, hiçbir eksiği olmayan, olgun, yetkin kişiler olmanız için tam bir etkinliğe erişsin." Sizleri, bu sabrı tamamen yetiştirmeye çağırıyorum. Bu sabır, imanınızı büyütecek ve onu olgunlaştırmanız için yüreğinizi daha da genişletip derinleştirecektir. Sabrı tamamıyla başardığınız takdirde Tanrı'nın vaat ettiği kutsamaları ve yanıtları alacaksınız (İbraniler 10:36).

Göksel egemenliğe taşıyan sabır

Göksel egemenliğe girmek için sabra ihtiyacımız var. Bazıları, gençken dünyanın tadını çıkaracaklarını, yaşlanınca kiliseye gideceklerini söylerler. Diğerleri de Rab'bin ikinci gelişinin umuduyla şevk dolu imanda yaşamlar sürdürür, ama sonra sabırlarını kaybedip düşüncelerini değiştirirler. Rab, onların beklediği gibi kısa zaman içinde gelmediğinden, imanda şevk dolu olmaya devam etmenin zor olduğunu hissederler. Yüreklerinin sünnetini gerçekleştirmeye ve Tanrı'nın işlerini yapmaya ara verip dinleneceklerini söylerler. Rab'bin ikinci gelişinin işaretini gördüklerine emin oldukları zaman tüm güçleriyle çabalayacaklardır.

Fakat hiç kimse, Tanrı'nın ruhlarımızı ne zaman çağıracağını ya da Rab'bin ne zaman geleceğini bilemez. O zamanı önceden biliyor olsak bile istediğimiz kadar imana sahip olamayız. İnsan, dilediği gibi kurtuluşu alacağı ruhani imana sahip olamaz. O iman ancak Tanrı'nın lütufuyla bahşedilir. Ayrıca düşman iblis ve Şeytan'da böyle kolayca kurtuluşu almalarına izin verecek değildir. Dahası, göksel egemenlikte ki Yeni Yeruşalim'e girme umudunuz varsa, her şeyi sabırla yapabilirsiniz.

Mezmurlar 126:5-6 ayetleri şöyle der: "Gözyaşları içinde ekenler, Sevinç çığlıklarıyla biçecek; Ağlayarak tohum çuvalını taşıyıp dolaşan, Sevinç çığlıkları atarak demetlerle dönecek." Tohumları ekerken ve büyütürken, kesinlikle çabalarımız, gözyaşlarımız ve üzüntülerimiz olacaktır. Bazen ürünler için gerekli olan yağmur yağmaz ya da onları mahveden hortumlar ve seller olur. Fakat bunun sonunda adaletin kanunlarına göre bolca hasat almanın sevincine kesinlikle kavuşacağız.

Tanrı, gerçek çocuklarını kazanmak için bir gün misali bin sene bekler ve bizler için verdiği biricik oğlunun acısına katlanmıştır. Rab, çarmıhın çilesine katlanmıştır ve Kutsal Ruh, insanın yetiştirilme süreci boyunca anlatılamaz kederlere katlanır. Tanrı'nın bu sevgisini hatırlayarak tam ve ruhani sabır yetiştirmenizi umut ediyorum ki hem bu dünyada hem de göklerde kutsamaların meyvelerine sahip olasınız.

Bu Tür Nitelikleri Yasaklayan Yasa Yoktur

Luka 6:36

"Babanız merhametli olduğu gibi, siz de merhametli olun."

6. Bölüm

Şefkat

Şefkatin meyvesiyle başkalarını anlama ve bağışlama
Rab'bin ki gibi yüreğe ve eylemlere sahip olma ihtiyacı
Şefkate sahip olmak için önyargıyı söküp atma
Zorluk içinde olanlara merhamet
Kolayca başkalarının zaaflarını işaret etmeyin
Herkese cömert olun
Başkalarını onurlandırın

Şefkat

İnsanlar bazen anlamaya çalışmalarına rağmen belli bir kişiyi anlayamadıklarını ya da bir kişiyi bağışlamayı deneseler bile bağışlayamadıklarını söylerler. Fakat eğer şefkatin meyvesini yüreklerimizde verirsek, anlayamayacağımız hiçbir şey olmadığı gibi bağışlayamayacağımızda hiç kimse olmaz. Her çeşit insanı iyilikle anlayabilecek ve sevgiyle o kişiyi kabulleneceğiz. Bir kişiyi bir nedenle sevdiğimizi ve başka bir kişiyi de belli bir sebeple sevmediğimizi söylemeyeceğiz. Hiç kimseyi sevmezlik etmeyecek veya onlardan nefret etmeyeceğiz. Hiç kimseyle kötü ilişkiler içinde olmayacak ya da kötü hisler beslemeyeceğiz; düşman edinmekten bahsetmiyorum bile.

Şefkatin meyvesiyle başkalarını anlama ve bağışlama

Şefkat; şefkatli olma niteliği ya da durumudur. Fakat şefkatin ruhani anlamı bir şekilde merhamete yakındır. Ve merhametin ruhani anlamı, "tüm insanlar tarafından anlaşılmamasına rağmen gerçekte anlamaktır." Ayrıca insanların bağışlamamasına rağmen gerçekte bağışlayabilecek yüreğe sahip olmaktır. Tanrı, merhametli bir yürekle insanlara şefkat gösterir.

Mezmurlar 130:3 ayeti şöyle der: "Ya RAB, sen suçların hesabını tutsan, Kim ayakta kalabilir, ya Rab?" Ayette yazılmış olduğu gibi, eğer Tanrı'nın hiç merhameti olmasaydı ve adalete göre bizi yargılasaydı, Tanrı'nın huzurunda kimse ayakta kalamazdı. Fakat Tanrı, yasa sıkıca tatbik edildiği takdirde bağışlanamayacak ya da kabul edilmeyecek olanları bile bağışladı ve kabul etti. Bunun yanı sıra Tanrı, bu insanları sonsuz ölümden kurtarmak için biricik oğlunun yaşamını bahşetti. Rab'be iman ederek Tanrı'nın çocukları olduğumuzdan, Tanrı, merhametin bu yüreğini yetiştirmemizi bizden ister. Bu sebeple Tanrı, Luka 6:36 ayetinde şöyle der: "Babanız merhametli olduğu gibi, siz de merhametli olun"

Bu merhamet, bir şekilde sevgiye benzese de birçok bakımdan ayrıca ondan farklıdır. Merhamet daha çok bağışlamak ve kabullenmekken, ruhani sevgi, hiç ücretlendirmeden başkaları için kişinin kendisini feda edebilmesidir. Kısaca, sevgiye layık olmasa bile bir kişinin her şeyini kabullenebilmek ve kucaklayabilmek ve o kişiyi yanlış anlamamak ve ondan nefret etmemektir. Fikirleri sizden farklı diye bir kişiden nefret etmek ya da ondan kaçınmak yerine, o kişi için güç ve huzur olabilirdiniz.

Eğer başkalarını benimseyecek sıcak bir yüreğe sahip olursanız, onların eksiklerini ya da hatalarını ifşa etmez, ama örter ve kabullenirsiniz. Böylece onlarla güzel bir ilişki içinde olabilirsiniz.

Bu yüreği olabildiğince canlı ortaya koyan bir olay olmuştu. Bir gün İsa, Zeytin Dağı'nda tüm gece boyunca dua etti ve sabah olduğunda tapınağa geldi. O'nun oturduğu yere bir sürü insan toplandı ve o insanlara Tanrı'nın Sözünü öğretirken bir kargaşa çıktı. Kalabalıkla birlikte bazı din bilginleri ve Ferisiler, İsa'nın huzuruna bir kadın getirdiler. Kadın korkuyla titriyordu.

Kadının zina yaparken yakalandığını söylediler ve Yasa'da böyle kadınların taşlanması yazıldığından İsa'ya ne yapacağını sordular. Eğer onlara kadını taşlamalarını söyleseydi, "Düşmanlarınızı sevin," öğretisine ters düşmüş olurdu. Ama eğer onlara kadını bağışlamalarını söyleseydi, Yasa'yı çiğnemiş olurdu.

İsa zor bir duruma sokulmuş görünüyordu. Fakat yere bir şey yazdı ve Yuhanna 8:7 ayetinde yazılan şu sözleri sarf etti: "İçinizde kim günahsızsa, ilk taşı o atsın!" Vicdan azabı duyanlar teker teker orayı terk eti ve sonunda sadece İsa ile kadın kaldı. Yuhanna 8:11 ayetinde İsa kadına şöyle dedi: "Ben de seni yargılamıyorum. Git, artık bundan sonra günah işleme!" "Ben de seni yargılamıyorum" demesi, kadını bağışladığı anlamına gelir. İsa, bağışlanmayan bir kadını bağışladı ve o kadına günahlarından dönme şansı tanıdı. İşte bu, merhametin yüreğidir.

Rab'bin ki gibi yüreğe ve eylemlere sahip olma ihtiyacı

Merhamet gerçek anlamda düşmanları bile bağışlamak ve sevmektir. Tıpkı yeni doğmuş bebeğiyle ilgilenen bir anne gibi herkesi benimser ve kucaklardık. Büyük hatalar yapmalarına ya da büyük günah işlemelerine rağmen insanları yargılamak ve suçlamak yerine önce onlar merhamet ederdik. Günahkârdan değil, ama günahlardan nefret ederdik. O insanı anlar ve yaşmasına çabalardık.

Oldukça çelimsiz olduğundan sıklıkla hasta olan bir çocuk olduğunu farz edin. Bu çocuk için annesi nasıl hissederdi? Neden böyle doğduğunu ve neden kendisine bu kadar zorluk çıkardığını düşünmezdi. Bu nedenle çocuğundan nefret etmezdi. Aksine sağlıklı olan çocuklarına nazaran bu çocuğuna daha fazla sevgi ve şefkat gösterirdi.

Zihinsel özürlü oğlu olan bir kadın vardı. Yirmi yaşına gelene dek bu çocuğun zekâ yaşı iki yaşındaki çocuğun zekâ yaşıyla aynıydı ve annesi gözlerini oğlundan ayırmıyordu. Buna rağmen oğlunun bakımının zor olduğunu asla düşünmedi. Oğluyla ilgilenirken sadece ona karşı anlayış ve şefkat duydu. Eğer tamamıyla merhametin bu meyvesini verirsek, sadece çocuklarımız için değil, ama herkes için merhamet besleyeceğiz.

İsa vaizliği esnasında göksel egemenliğin müjdesini duyurdu. O'nu dinleyenler sadece zenginlik ve kudret sahibi olanlar değil, ama yoksul ve ihmal edilmiş olanlar, vergi görevlileriyle fahişeler gibi günahkâr sayılanlardı.

Öğrencilerini seçerken de durum aynıydı. Tanrı'nın sözünü öğretmek daha kolay olacağından, insanlar onları Tanrı'nın Yasa'sına aşikâr olanlardan seçmesinin akıllıca olduğunu düşünebilirler. Fakat İsa, öyle insanları seçmedi. Vergi görevlisi olan Matta'yı, balıkçı olan Petrus, Andreas, Yakup ve Yuhanna'yı seçti.

İsa ayrıca çeşitli hastalıkları iyileştirdi. Bir gün otuz sekiz yıl boyunca hasta olan ve Beytesta havuzunda suyun çalkalanmasını bekleyen birini iyileştirdi. Hiçbir yaşam umudu olmadan acı içinde yaşıyordu, ama kimse onunla ilgilenmiyordu. Fakat İsa yanına yaklaştı ve ona, "iyi olmak ister misin?" diye sordu ve adamı iyileştirdi.

İsa ayrıca on iki yıldır kanaması olan bir kadını iyileştirdi. Kör bir dilenci olan Bartimay'ın gözlerini açtı (Matta 9:20-22; Markos 10:46-52). Nain denilen bir kente vardığında tek oğlu ölmüş olan dul bir kadına rastladı. Kadına acıdı ve oğlunu diriltti (Luka 7:11-15). Bunlara ek olarak, baskı altında olanlarla ilgilendi. Vergi görevlileri ve günahkârlar gibi ihmal edilmiş olanlarla dost oldu. Bazıları günahkârlarla yemek yediği için, "Sizin öğretmeniniz neden vergi görevlileri ve günahkârlarla birlikte yemek yiyor?" diyerek O'nu eleştirdi (Matta 9:11). Ama bunu duyan İsa, "Sağlamların değil, hastaların hekime ihtiyacı var. Gidin de, 'Ben kurban değil, merhamet isterim' sözünün anlamını öğrenin. Çünkü ben doğru kişileri değil, günahkârları çağırmaya geldim" (Matta 9:12-13) diye onları yanıtladı. Günahkârlar ve hastalar için şefkatin ve merhametin yüreğini bizlere öğretti.

İsa sadece zenginler ve doğru olanlar için değil, ama esasen yoksullar, hastalar ve günahkârlar için geldi. İsa'nın bu yüreğini ve eylemlerini benimsediğimizde merhametin meyvesini hızla verebiliriz. Şimdi merhametin meyvesini vermek için özellikle neler yapmamız gerektiğini inceleyelim.

Şefkate sahip olmak için önyargıyı söküp atma

Dünyevi insanlar sıklıkla görünüşlerine bakarak insanları yargılarlar. İnsanların zenginliklerine ya da ünlerine göre onlara olan tavırları değişir. Tanrı'nın çocukları insanları görünüşlerine göre yargılamamalı ya da onların görünüşleri yüzünden yüreklerinin tavrını değiştirmemelidir. Küçük çocukları bile dikkate almalı ya da altımızda görünenleri kendimizden daha iyi saymalı ve Rab'bin yüreğiyle onlara hizmet etmeliyiz.

Yakup 2:1-4 ayetleri şöyle der: "Kardeşlerim, yüce Rabbimiz İsa Mesih'e iman edenler olarak insanlar arasında ayrım yapmayın. Toplandığınız yere altın yüzüklü, şık giyimli bir adamla kirli

giysiler içinde yoksul bir adam geldiğinde, şık giyimliye ilgiyle, 'Sen şuraya, iyi yere otur', yoksula da, 'Sen orada dur' ya da 'Ayaklarımın dibine otur' derseniz, aranızda ayrım yapmış, kötü düşünceli yargıçlar gibi davranmış olmuyor musunuz?"
Ayrıca 1. Petrus 1:17 ayeti şöyle der: "Kimseyi kayırmadan, kişiyi yaptıklarına bakarak yargılayan Tanrı'yı Baba diye çağırdığınıza göre, gurbeti andıran bu dünyadaki zamanınızı Tanrı korkusuyla geçirin."
Eğer merhametin meyvesini verirsek, insanları görünüşlerine göre yargılamaz ya da suçlamayız. Ayrıca ruhani anlamda önyargılarımız veya kayırıcılığımız olup olmadığını gözden geçirebiliriz. Ruhsal meseleleri yavaş anlayan bazı insanlar vardır. Bazılarının bedensel kusurları olduğundan belli durumlarda içerik dışı konuşabilir ya da içerik dışı şeyler yapabilirler. Yine bazıları Rab'le uyuşmayan davranışlarda bulunurlar.

Bu insanları gördüğünüzde ya da onlarla etkileşim içinde olduğunuzda bir şekilde bıkkınlık hissetmediniz mi? Onlara hiç tepeden bakmadınız mı ya da bazen kaçınmayı istemediniz mi? Agresif sözlerinizle ya da kaba davranışlarınızla başkalarının utanmasına neden olmadınız mı?

Ayrıca bazı insanlar, bir kişi günah işlediği zaman hâkim koltuğunda oturur gibi o kişi hakkında konuşur ve onu yargılarlar. Zina işleyen kadın İsa'ya getirildiğinde pek çok insan yargılayarak ve suçlayarak parmaklarıyla onu işaret ediyorlardı. Fakat İsa, kadını suçlamak yerine ona kurtuluş şansını tanıdı. Eğer merhametin böylesi bir yüreğine sahip olursak, günahlarını cezalarını alanlara şefkat gösterebilir ve bunların üstesinden geleceklerinin umudunu taşırsınız.

Zorluk içinde olanlara merhamet

Merhametliysek, zorluk içinde olanlara şefkat duyar ve onlara yardım etmekten zevk duyarız. Yüreklerimizden onlara acıyarak sadece dudaklarımızla, "Cesaretli ve metin ol!" demeyiz. Onlara bir şekilde yardım ederiz.

1. Yuhanna 3:17-18 ayetleri şöyle der: "Dünya malına sahip olup da kardeşini ihtiyaç içinde gördüğü halde ondan şefkatini esirgeyen kişide Tanrı'nın sevgisi olabilir mi? avrularım, sözle ve dille değil, eylemle ve içtenlikle sevelim." Ayrıca Yakup 2:15-16 ayetleri şöyle der: "Bir erkek ya da kız kardeş çıplak ve günlük yiyecekten yoksunken, içinizden biri ona, 'Esenlikle git, ısınmanı, doymanı dilerim' der, ama bedenin gereksindiklerini vermezse, bu neye yarar?"

"Açlık çekiyor olması ne yazık! Ama ancak kendime yettiğimden yardımcı olamam," diye düşünmemelisiniz. Eğer gerçek bir yürekle acıma duyarsanız, kendinize düşen patı bile paylaşabilir ve hatta verebilirsiniz. Eğer bir kişi durumunun başkalarına yardım etmeye müsait olmadığını düşünüyorsa, zengin olduğunda dahi muhtemelen yardım etmeyecektir.

Bu sadece maddi şeylerle ilgili değildir. Herhangi bir sorundan acı çeken birini gördüğünüzde yardımcı olmayı istemeli ve o kişiyle acıyı paylaşmalısınız. Bu, merhamettir. Özellikle Rab'be inanmadıkları için Cehennem yolunda ilerleyen insanlarla ilgilenmelisiniz. Onları kurtuluş yoluna yönlendirmek için elinizden gelenin en iyisi için çabalayın.

Açıldığı günden bu yana Manmin Merkez Kilisesinde Tanrı'nın gücünün büyük işleri meydana gelmektedir. Ama buna rağmen daha büyük bir gücü diler ve o gücü ortaya koymak için tüm yaşamımı adarım. Çünkü kendimde yoksulluktan çektim ve hastalık yüzünden umudumu kaybetme acısını yaşadım. Bu sorunlardan çeken insanları gördüğümde onların acısını kendim gibi görüyor ve elimden geldiğince onlara yardım etmeyi istiyorum.

Onların sorunlarını çözmek, cehennemin cezalarından kurtarmak ve göklere yönlendirmek arzumdur. Fakat bir başıma onca insana nasıl yardım edebilirim? Bu soruma aldığım yanıt, Tanrı'nın gücüdür. Yoksulluk ve hastalık sorunlarının tümünü ve tüm insanların diğer onca sorununu çözememe rağmen onların Tanrı'yı bulmasına ve deneyim etmesine yardım edebilirim. İşte bu yüzden Tanrı'nın daha da büyük gücünü ortaya koymaya çalışıyorum ki daha fazla insan O'nu bulabilsin ve deneyim edebilsin.

Kuşkusuz ki gücü göstermek, kurtuluş sürecinin tamamlanması değildir. Gücü görerek iman sahibi olmaya başlamalarına rağmen iman üzerinde sağlamca durana dek fiziki ve ruhani anlamda onlarla ilgilenmeliyiz. Bu sebeple kilisemiz mali zorluklardan geçerken bile ihtiyaç duyanlara yardım etmek için elimden gelenin en iyisini yaptım. Böylece daha fazla güçle göksel egemenliğe doğru ilerleyebildiler. Özdeyişler 19:17 ayeti şöyle der: "Yoksula acıyan kişi RAB'be ödünç vermiş olur, Yaptığı iyilik için RAB onu ödüllendirir." Rab'bin yüreğiyle insanlarla ilgilenirseniz, Tanrı kesinlikle kutsamalarla size geri ödeyecektir.

Kolayca başkalarının zaaflarını işaret etmeyin

Eğer birini seviyorsak bazen ona nasihat verir veya paylarız. Eğer ebeveynler çocuklarını azarlamaz ama onları sevdikleri için her daim bağışlarlarsa, çocukları şımarır. Fakat eğer merhamet sahibiysek kolayca cezalandırmaz, paylamaz ya da zaaflara işaret etmeyiz. O kişinin yüreğini dualarımızda düşünerek ve ilgilenerek öğüt veririz. Özdeyişler 12:18 ayeti şöyle der: "Düşünmeden söylenen sözler kılıç gibi keser, Bilgelerin diliyse şifa verir." Özellikle inanlılara öğreten pederler ve önderler bu sözleri akıllarında tutmalıdırlar.

Kolayca, "Sendeki yürek gerçekten kopuk ve Tanrı'yı hoşnut etmiyor. Sende şu ve bu eksiklikler var ve bu şeyler yüzünden başkalarınca sevilmiyorsun," diyebilirsiniz. Eğer sevgisizce kendinize has doğruluğunuz ya da düşüncelerinizde zaaflara işaret ediyorsanız, söylediğiniz şey doğru olsa bile yaşam vermez. Bu öğütle başkalarını değiştiremez, aksine duygularını incitir, cesaret ve güçlerini kaybetmelerini sağlarsınız.

Bazen kiliseden kimseler, onların eksik yanlarını işaret etmemi isterler ki bunların farkına varabilsin ve kendilerini değiştirebilsinler. Eksikliklerinin farkına varmak ve değişmek istediklerini söylerler. Ve ben dikkatlice bir şey söylemeye başladığımda sözümü keser ve kendi durumlarını anlatırlar. Bu sebeple öğüdümü veremem. Birazcık öğüt vermek zaten kolay bir şey de değildir. O an için şükranla kabul edebilir, ama sonradan Ruh'un doluluğunu kaybettiklerinde, hiç kimse yüreklerinde neler olacağını bilmez.

Bazen Tanrı'nın egemenliğini gerçekleştirmek için bazı şeylere işaret etmem ya da insanların sorunlarına yanıt almasını sağlamam gerekir. Gücenmemelerini ya da cesaretlerini kaybetmemelerini umut ederek, yüzlerindeki değişimi izlerim.

Kuşkusuz ki Ferisiler ve din bilginleri, İsa'nın güçlü sözlerle kendilerini azarlamalarını bir öğüt olarak almadılar. İsa, içlerinden birinin dahi kendisini dinleyip tövbe etmesi için şans tanıyordu. Ayrıca halkın öğretmenleri olduklarından İsa, insanlarda farkındalık yaratarak onların ikiyüzlülükleriyle kandırılmamalarını istedi. Bu özel durumlar haricinde başkalarının duygularını kırabilecek ya da eksik yanlarını açığa vurarak tökezlemelerini sağlayacak sözler sarf etmemelisiniz. Kesinlikle gerekli olduğu için öğüt vermeniz gerektiğinde, diğer kişinin bulunduğu durumu düşünerek ve onun canıyla ilgilenerek, öğüdü sevgiyle vermelisiniz.

Herkese cömert olun

Cömert insanlar belli ölçüde sahip olduklarını sevdikleri insanlara verirler. Hatta eli sıkı olanlar bile karşılığında bir şey alacakları biliyorlarsa başkalarına ödünç ya da hediye verebilirler. Luka 6:32 ayeti şöyle der: "Eğer yalnız sizi sevenleri severseniz, bu size ne övgü kazandırır? Günahkârlar bile kendilerini sevenleri sever." Karşılıksız kendimizi verdiğimizde merhametin meyvesini verebiliriz.

İsa, en başından Yahuda'nın kendisine ihanet edeceğini biliyordu, ama diğer öğrencilerine nasıl davranıyorsa Yahuda'ya da öyle davrandı. Yahuda'ya tekrar tekrar şans tanıdı ki tövbe edebilsin. Hatta çarmıha gerilirken bile kendisini çarmıha gerenler için dua etti. Luka 23:34 ayeti şöyle der: "Baba, onları bağışla. Çünkü ne yaptıklarını bilmiyorlar." Bu, hiç bağışlanamaz olanları bile bağışlayabileceğimiz merhamettir.

Elçilerin İşleri bölümünde İstefanos'un da merhametin bu meyvesini vermiş olduğunu görebiliriz. İstefanos bir elçi değildi, ama Tanrı'nın lütuf ve gücüyle doluydu. Onun sayesinde büyük belirtiler ve harikalar meydana geldi. Bu gerçekten hoşlanmayanlar onunla tartışmaya çalıştılar, ama İstefanos, Kutsal Ruh'ta Tanrı'nın bilgeliğiyle yanıtladığında daha fazla tartışamadılar. İnsanların İstefanos'un yüzüne baktığında yüzünün bir melek yüzüne benzediğini söyler (Elçilerin İşleri 6:15).

İstefanos'un vaazını dinleyen Yahudilerin vicdanları sızlamıştı ama sonunda onu şehrin dışına çıkarıp ölene dek taşladılar. Ölürken bile kendisini taşlayanlar için şöyle dua etti: "Ya Rab, bu günahı onlara yükleme!" (Elçilerin İşleri 7:60) Bu, onları çoktan bağışladığını bizlere gösterir. Onlara karşı hiç nefret hissetmedi, ama onlar için acıma duyarak sadece merhametin meyvesini verdi. Böylesi bir yüreğe sahip olduğundan böylesi büyük işleri ortaya koyabildi.

Öyleyse böyle bir yüreği ne kadar iyi yetiştirdiniz? Hala hoşlanmadığınız ya da sizinle iyi ilişkiler içinde olamayan birileri var mı? Karakterleri ve fikirleri sizinle uyuşmuyor olsa bile onları kabullenebilmeli ve kucaklayabilmelisiniz. İlk önce o insanın bakış açısından düşünmelisiniz. O zaman o kişiye hissettiğiniz hoşnutsuzluk duygularını değiştirebilirsiniz.

"Neden böyle yapıyor ki? Onu anlamıyorum" diye

düşünürseniz, o zaman sadece olumsuz hisler besler ve onu gördüğünüzde rahatsız olursunuz. Ama eğer, "Oh, böyle bir durumda bu şekilde davranıyor," diye düşünebilirseniz, o zaman hoşnutsuzluk duygularını değiştirebilirsiniz. Ve o zaman bunu yapmaktan kendini alamayan o kişiye merhamet duyar ve onun için dua edersiniz.

Bu şekilde düşüncelerinizi ve duygularınızı değiştirdiğinizde nefreti ve diğer kötü duyguları birer birer çekip çıkarabilirsiniz. İnatçılığınızda ısrar etmeyi isteyen hisleri tutarsanız, başkalarını anlayamazsınız. Ne nefreti ne de katı duyguları çekip çıkarabilirsiniz. Kendinize has doğruluğunuzu söküp atmalı, düşüncelerinizi ve duygularınızı değiştirmelisiniz ki her türlü insanı kabullenip hizmet edebilesiniz.

Başkalarını onurlandırın

Merhametin meyvesini vermek için bir şey iyi yapıldığında başkalarını onurlandırmalı ve bir şey yanlış gittiğinde suçu kabullenmelisiniz. Birlikte çalışmanıza rağmen diğer kişi beğeni toplandığında övüldüğünde kendi mutluluğunuzmuş gibi onunla sevinebilirsiniz. Daha fazla sizin çalışmanıza ya da onca eksiğine rağmen onun övülmesini düşünerek rahatsızlık duymazsınız. Başkalarınca övüldükçe daha fazla güvene sahip olacağını ve daha fazla çalışacağını düşünerek sadece şükran duyarsınız.

Bir anne çocuğu için bir şey yaptığında ve ödülü sadece çocuğu aldığında anne nasıl hissederdi? İşi doğru yapsın diye çocuğuna yardım edenin kendisi olduğunu ve ödül almadığını söyleyerek yakınan hiçbir anne yoktur. Ayrıca bir anne, başkaları kendisine güzel olduğunu söylediğinde mutlu olur, ama kızının güzel olduklarını söylediklerinde daha da mutlu olur. Eğer merhametin meyvesine sahipsek, her hangi bir kişiyi önümüze koyabilir ve övgüyü ona isnat edebiliriz. Ve kendimiz övülüyormuş gibi onunla birlikle seviniriz. Merhamet, şefkat ve sehviyle dolu olan Baba Tanrı'nın özelliğidir. Sadece merhamet değil, ama Kutsal Ruh'un her bir meyvesi ayrıca yetkin Tanrı'nın yüreğidir. Sevgi, sevinç, esenlik, sabır ve diğer meyvelerin hepsi, Tanrı'nın yüreğinin farklı yanlarıdır.

Bu yüzden Kutsal Ruh'un meyvelerini vermek demek, içimizde Tanrı'nın yüreğine sahip olma ve O'nun gibi mükemmel olma mücadelesini verdiğimiz anlamına gelir. Sizdeki meyveler ne kadar olgunlaşırsa, o kadar sevgi oldu olacaksınız ve Tanrı'nın size olan sevgisi taşacak. Oldukça kendisine benzeyen oğullar ve kızlar olduğunuzu söyleyerek sizlerle sevinecek. Tanrı'yı hoşnut eden çocukları olursanız, dualarınızda dilediğiniz ve hatta yüreğinizde beslediğiniz her şeyi alırsınız. Tanrı onları bilir ve sizi yanıtlar. Hepinizin Kutsal Ruh'un meyvelerini vermesini ve her şeyde Tanrı'yı hoşnut etmesini umuyorum. Böylece Tanrı'ya mükemmel şekilde andıran çocukları olarak bolca kutsanacak ve göksel egemenlikte büyük bir onura sahip olacaksınız.

Bu Tür Nitelikleri Yasaklayan Yasa Yoktur

Filipililer 2:5

"Mesih İsa'daki düşünce sizde de olsun."

7. Bölüm

İyilik

İyiliğin meyvesi
Kutsal Ruh'un arzusu ardınca iyiliği aramak
İyi Samiriyeli gibi her şeyde iyiliği seçin
Hiçbir koşulda tartışıp böbürlenmeyin
Ezilmiş kamışı kırmayın ya da tüten fitili söndürmeyin
Gerçekteki iyiliğin ardınca gitme gücü

İyilik

Bir gece üzerinde eskimiş giysilerle genç bir adam oda kiralamak için yaşlı bir çifti görmeye gitti. Çift, genç adama acıdı ve odayı ona kiraladı. Fakat bu genç adam işe gitmek yerine günlerini içerek harcadı. Böylesi bir durum karşısında pek çok insan kirayı ödeyemeyeceğini düşünerek onu evden çıkarmayı düşünür. Fakat bu yaşlı çift müjdeyi ona duyururken zaman zaman ona yiyecek verdiler ve genç adamı cesaretlendirdiler. Onların bu sevgi dolu hareketleri genç adama dokunmuştu çünkü sanki kendi oğullarıymış gibi ona davranıyorlardı. Sonunda İsa Mesih'e iman etti ve yepyeni bir adam oldu.

İyiliğin meyvesi

Hiç vazgeçmeden sonuna kadar ihmal edilenleri ya da dışlanılanları sevmek iyiliktir. İyiliğin meyvesi sadece yürekte verilmez, ama yaşlı çiftin hikâyesinde olduğu gibi, eylemlerle de ortaya konur.

Eğer iyiliğin meyvesini verirsek, her yerde Mesih'in kokusunu veririz. İyi eylemlerimizi gören etrafımızdaki insanlar etkilenir ve Tanrı'yı yüceltirler.

"İyilik" yumuşak huylu, düşünceli, iyi yürekli ve erdemli olmaktır. Fakat ruhani anlamda gerçekteki iyilik olan Kutsal Ruh'ta ki iyiliği arayan yürektir. İyiliğin meyvesini tamamıyla verirsek, Rab'bin saf ve lekesiz yüreğine sahip olacağız.

Bazen Kutsal Ruh'u almamış inanlı olmayanlar bile belli ölçüde hayatlarında iyiliği izlerler. Dünyevi insanlar, vicdanları doğrultusunda bir şeyin iyi mi, yoksa kötü mü olduğunun ayrımını yaparlar. Vicdan azabının olmadığı durumlarda dünyevi insanlar iyi ve doğru olduklarını düşünürler. Fakat insanların vicdanları kişiden kişiye farklılık gösterir. Ruh'un meyvesi olarak iyiliği anlamak için öncelikle insanların vicdanlarını anlamalıyız.

Kutsal Ruh'un arzusu ardınca iyiliği aramak

Bazı yeni inanlılar, "Bu yorum, şu bilimsel teoriyle uyuşmamaktadır" diyerek kendi bilgi ve vicdanları doğrultusunda vaazları yargılayabilirler. Fakat imanda büyüdükçe ve Tanrı'nın Sözünü öğrendikçe, kendi yargılama ölçütlerinin doğru olmadığını fark ederler.

Vicdan; bir kişinin kendi doğasına dayalı olarak iyilikle kötülüğün ayrımını yaptığı ölçüttür. Bir kişinin doğası, o kişinin doğduğu hayat enerjisine ve büyüdüğü çevreye bağlıdır. İyi hayat enerjisiyle doğan çocukların nispeten daha iyi karakterleri olur. Ayrıca iyi çevrede doğan, iyi şeyleri gören ve duyan insanlarında iyi vicdan sahibi olmaları muhtemeldir. Öte yandan ebeveynlerinden kötü özellikler alan ve pek çok kötülükle etkileşim içinde olanların vicdanlarının da kötü olması olasıdır.

Örneğin dürüst olmaları öğretilen çocuklar yalan söylediklerinde vicdan azabı çekerler. Fakat yalancılar arasında büyüyen çocuklar için yalan söylemek doğaldır. Yalan söylediklerini bile düşünmezler. Yalan söylemekte bir sakınca olmadığını düşündüklerinden vicdanları kötülükle öylesine lekelenmiştir ki bundan vicdan azabı dahi duymazlar.

Ayrıca aynı çevrede aynı ebeveynler tarafından büyütülseler dahi çocuklar farklı şekillerde benimserler. Bazı çocuklar anne-babalara itaat ederken, bazılarının güçlü iradeleri vardır ve itaat etmeme eğilimi gösterirler. O zaman aynı anne-babalar tarafından yetiştirilen kardeşlerin vicdanları bile farklı şekillenir.

Vicdanlar, yetiştikleri ekonomik ve sosyal değerlere bağlı olarak farklı şekillenir. Her toplumun farklı değer sistemi vardır ve 100 yıl önceki değerlerle 50 yıl önceki ve günümüzdeki değerlerde farklıdır. Örneğin kölelik olduğunda onları dövmenin ya da çalışmaya zorlamanın yanlış olduğunu düşünmediler. Ayrıca sadece 30 yıl önce kadınların yayın programlarında bedenlerini teşhir etmesi kabul edilemezdi. Bahsettiğimiz gibi, vicdan kişiye, bölgeye ve zamana göre değişir. Vicdanlarını dinlediklerini düşünenler, iyi olduğunu düşündüklerin şeylerin ardından giderler. Fakat onların mutlak iyilikle hareket ettiği söylenemez.

Ancak Tanrı'ya iman eden bizler, iyilikle kötülüğü ayırdığımız aynı ölçüte sahibiz. Tanrı'nın Sözü ölçütümüzdür. Bu ölçüt dün, bu gün ve sonsuzluk boyunca aynıdır. Ruhani iyilik, vicdanımız olarak bu gerçeğe sahip olmak ve onun ardınca gitmektir. Fakat salt iyiliğin ardınca gitme arzusuna sahip olarak, iyiliğin meyvesini verdiğimiz söylenemez. İyiliğin ardınca gitme arzumuz ancak ortaya konduğunda ve eyleme döküldüğünde meyveyi verdiğimizi söyleyebiliriz.

Matta 12:35 ayeti şöyle der: "İyi insan içindeki iyilik hazinesinden iyilik, kötü insan içindeki kötülük hazinesinden kötülük çıkarır." Özdeyişler 22:11 ayrıca şöyle der: "Yürek temizliğini ve güzel sözleri seven, Kralın dostluğunu kazanır." Yukarıdaki ayetlerde de görüldüğü gibi; iyi eylemleri dıştan görülenler, doğal olarak gerçekten iyiliği arayanlardır. Her nereye giderlerse gitsinler ve her kimle bir araya gelirlerse gelsinler, cömertlik ve iyi sözler ve eylemlerle sevgi gösterirler. Tıpkı üzerine parfüm sıkan bir kişinin hoş koku yayması gibi, iyiliğin insanları da Mesih'in kokusunu yayar.

Bazı insanlar, iyi bir yüreği yetiştirmeyi çok arzularlar ve bu yüzden ruhsal insanların ardından gider, onlarla arkadaşlık kurmayı isterler. Gerçeği duymaktan ve öğrenmekten zevk alırlar. Kolayca tesir altında kalır, bolca gözyaşı da dökebilirler. Fakat sırf arzuları var diye iyi bir yüreği yetiştiremezler. Bir şeyi duyup öğrendiklerinde onu yüreklerinde yetiştirmeli ve esasen tatbik etmelidirler. Örneğin iyi insanların çevresinde olmayı sevmeniz ve iyi olmayanlardan kaçınmanız gerçektende iyiliği çok arzu etmek midir?

İyi olmayanlardan bile öğrenebileceğimiz şeyler vardır. Onlardan hiçbir şey öğrenemeseniz bile onların yaşamlarından bir ders çıkarabilirsiniz. Çabuk öfkelenir bir insan varsa, onun bu özelliği yüzünden sıklıkla kavgaya ve tartışmaya tutuştuğunu öğrenebilirsiniz. Bu gözleminizden böyle öfkeli bir mizaca neden sahip olmamanız gerektiğini öğrenirsiniz. Sadece iyi olanlarla dostluk kurarsanız, duyduğunuz ve gördüğünüz şeylerin karşıtlarını öğrenemezsiniz. Her türlü insandan her zaman öğrenecek çok şey vardır. İyiliği çok arzu ettiğinizi, pek çok şeyi öğrenip anladığınızı düşünebilirsiniz, ama iyiliğin gerçek eylemlerinden yoksun olup olmadığınızı görmek için kendinizi gözden geçirmelisiniz.

İyi Samiriyeli gibi her şeyde iyiliği seçin

Bu noktadan itibaren gerçekte ve Kutsal Ruh'ta izlenilen iyilik olan ruhani iyiliğin ne olduğuna daha detaylıca bakalım. Aslında ruhani iyilik oldukça geniş bir kavramdır. Tanrı'nın doğası iyidir ve bu iyilik, tüm Kutsal Kitap'ın içine yerleştirilmiştir. Fakat iyiliğin kokusunu gayet iyi duyumsayabileceğimiz ayet, Filipililer 2:1-4 ayetleridir:

Böylece Mesih'ten gelen bir cesaret, sevgiden doğan bir teselli ve Ruh'la bir paydaşlık varsa, yürekten bir sevgi ve sevecenlik varsa, aynı düşüncede, sevgide, ruhta ve amaçta birleşerek sevincimi tamamlayın. Hiçbir şeyi bencil tutkularla ya da boş övünmeyle yapmayın. Her biriniz alçakgönüllülükle öbürünü kendinden üstün saysın. Yalnız kendi yararını değil, başkalarının yararını da gözetsin.

Ruhani iyiliği içinde yetiştirmiş olan kişi Rab'bin iyiliğini arar ve dolayısıyla aslında kendisinin hem fikir olmadığı işleri bile destekler. Böyle bir insan alçakgönüllüdür ve onda görülen ya da kendini gösteren boş kurumlar yoktur. Diğerleri kendisi gibi zengin ve zeki olmasa bile onlara yürekten saygı duyabilir ve onların gerçek bir dostu olabilir.

Başkaları sebepsiz yere kendisine zorluk çıkarsa bile onları sadece sevgiyle kabullenir. Onlara hizmet eder ve kendini alçakgönüllü kılar; dolayısıyla herkesle esenlik içinde olabilir. Sadece kendi görevlerini bağlılıkla yerine getirmekle kalmaz, ama ayrıca diğer insanların işleriyle de ilgilenir. Luka 10. Bölümde İyi Samiriyeli'nin hikâyesini okuruz.

Yeruşalim'den Eriha'ya gitmekte olan bir adam yolda soyulur. Haydutlar onu soyup yarı ölü bırakırlar. Yoldan geçmekte olan bir kâhin adamın ölmekte olduğunu görür, ama geçer gider. Sonra bir Levili adamı görür, ama o da geçip gider. Kâhinler ve Leviliar, Tanrı'nın Sözünü bilen ve Tanrı'ya hizmet eden insanlardır. Yasayı herkesten daha iyi bilirler. Ayrıca Tanrı'ya ne kadar iyi hizmet ettikleriyle gururlanırlar.

Tanrı'nın isteği ardınca gitmeleri gereken bir zamanda göstermeleri gereken eylemleri göstermezler. Kuşkusuz ki adama yardım edememeleri konusunda sebepleri olduğunu söyleyebilirlerdi. Ama eğer ki onlarda iyilik olsaydı, onların yardımına öylesine muhtaç bu adamı görmemezlikten gelmezlerdi.

Daha sonra bir Samiriyeli geldi ve soyulan bu adamı gördü. Bu Samiriyeli adama acıdı ve yaralarını sardı. Adamı kendi hayvanına bindirip hana götürdü ve hancıya adama iyi bakmasını tembihledi. Ertesi gün iki Dinar çıkarıp hancıya verdi ve verdiğinden fazlasını harcaması durumunda ona geldiğinde ödemeyi yapacağını söyledi.

Eğer Samiriyeli bencilce düşünseydi, yapmış olduğu şeyi yapması için bir nedeni olmazdı. Oda meşguldü ve tamamen yabancı bir adamla ilgilendiği için zamanını ve parasını kaybedebilirdi. Ayrıca ona sadece ilk yardımda bulunabilirdi, ama hancıya onunla ilgilenmesini söylemez ve ekstra harcamaları ödeyeceğinin sözünü vermezdi.

Ama iyiliğe sahip olduğundan ölmekte olan bir insanı görmezden gelemedi. Zaman ve para kaybı yaşayacak oluşuna ve meşguliyetine rağmen yardımına muhtaç bir insanı görmezden gelmedi. Adamla kendisi ilgilenecek durumda olmadığından bir başkasından ona yardım etmesini istedi. Eğer şahsi nedenlerle adamın yanından kendisi de geçip gitmiş olsaydı, ileride muhtemelen bunun acısını bu Samiriyeli yüreğinde hissederdi.

"O yaralı adama ne olduğunu merak ediyorum. Zarara uğrayacak olmama rağmen ona yardım etmeliydim. Tanrı beni izliyordu ve bunu nasıl yapabildim?" diye düşünerek sürekli kendini sorgulayıp suçlayacaktı. İyiliği seçmediğimiz takdirde ruhani iyilik bunu dayanılmaz kılar. Bizi kandırmaya çalışan biri olsa dahi her şeyde iyiliği seçeriz.

Hiçbir koşulda tartışıp böbürlenmeyin

Ruhani iyiliği hissetmemizi sağlayan bir diğer ayet ise Matta 12:19-20 ayetleridir. 19. Ayet şöyle der: "Çekişip bağırmayacak, Sokaklarda kimse O'nun sesini duymayacak." 20. Ayet ise şöyle der: "Ezilmiş kamışı kırmayacak, Tüten fitili söndürmeyecek, Ve sonunda adaleti zafere ulaştıracak."

Bu, İsa'nın ruhani iyiliğiyle ilgilidir. Vaizliği esnasında İsa'nın kimseyle sorunu olmadı, hiç kimseyle çekişmedi. Çocukluğundan itibaren Tanrı'nın Sözüne itaat etti ve vaizliği zamanında ise göksel egemenliğin müjdesini duyurarak ve hastaları iyileştirerek sadece iyi şeyler yaptı. Fakat yinede kötü olanlar, O'nu öldürme teşebbüsüyle İsa'yı pek çok sözle test etti.

Her seferinde İsa onların kötü niyetlerini bildi, ama onlardan nefret etmedi. Onların sadece Tanrı'nın gerçek isteğini bilmelerini sağladı. Bunu hiç anlayamadıkları zaman ise onlarla çekişmek yerine onlardan kaçındı. Çarmıha gerilmesinden önce sorgulanırken çekişip bağırmadı.

Hristiyan imanlarımızda yeni başlayanların safhasını geçtikçe belli ölçüde Tanrı'nın Sözünü öğreniriz. Başkalarıyla anlaşmadığımız için kolayca sesimizi yükseltmez ya da öfke nöbetine tutulmayız. Fakat çekişmek sadece ses yükseltmek değildir. Bir takım anlaşmazlıklar yüzünden eğer rahatsızlık veren duygular içindeysek, bu da çekişmektir. Buna çekişme deriz çünkü yürekteki esenlik bozulmuştur.

Eğer yüreğimiz bu varsa sebebi kendinde aramak gerekir. Bir başkasının bize zorluk vermesi nedeniyle değildir. Bizim doğru olduğunu düşündüğümüz şekilde hareket etmemeleri nedeniyle değildir. Yüreğimizin onları kabul etmek için çok dar olması sebebiyledir. Bizleri pek çok şeyle karşı karşıya getiren düşünce yapımız nedeniyledir.

Bir objenin çarptığı bir parça pamuk ses çıkarmaz. Saf ve temiz suyun bulunduğu bir bardağı çalkalasak dahi su yinede saf ve temiz kalır. Aynısı insanın yüreği içinde geçerlidir. İç huzur bozulur ve belli durumlarda sıkıntı veren duygular ortaya çıkarsa, bunun nedeni kötülüğün hala yürekte mevcut olmasıdır.

İsa'nın çekişip bağırmadığı söylenir. Öyleyse hangi sebeplerle diğer insanlar çekişip bağırırlar? Çünkü kendilerini göstermek ve kendileriyle böbürlenmek isterler. Bağırırlar çünkü başkalarınca kabul görmek ve hizmet edilmek isterler.

İsa, ölüyü diriltmek ve körlerin gözünü açmak gibi olağanüstü işler ortaya koydu. Ama yinede alçakgönüllüydü. Dahası, çarmıha geriliyken kendisiyle alay edenler insanlar olmasına rağmen ölene dek Tanrı'nın isteğine itaat etti çünkü kendisini göstermek niyetinde değildi (Filipililer 2:5-8). Ayrıca sokaklarda hiç kimsenin O'nun sesini duymadığı yazar. Bu, O'nun davranışlarının mükemmel olduğunu bizlere anlatır. Sabrında, davranışında ve konuşma şeklinde mükemmeldi. O'nun aşırı iyiliği, alçakgönüllüğü ve yüreğinin derinliklerindeki ruhani sevgisi dıştan ortaya kondu.

Ruhani iyiliğin meyvesini verirsek, tıpkı Rab'bimizin olmadığı gibi bizlerinde hiç kimseyle çekişmesi ya da sorunu olmaz. Başkalarının yanlışları ya da eksikleri hakkında konuşmayız.

Başkalarının yanında kendimizle böbürlenmeye ya da kendimizi yükseltmeye çalışmayız. Sebepsiz yere sıkıntı çeksek dahi yakınmayız.

Ezilmiş kamışı kırmayın ya da tüten fitili söndürmeyin

Yetiştirdiğimiz ağaç ya da bitkilerin sararmış yaprak ya da dallarını genellikle keseriz. Ayrıca fitilin alevi sönmekteyse, ışığı parlak olmaz ve duman çıkarır. Dolayısıyla insanlar onu söndürürler. Fakat ruhani iyiliğe sahip olanlar, "ezilmiş kamışı kırmaz ya da tüten fitili söndürmez." Eğer ufacık dahi olsa düzelme şansı varsa, o yaşamı bitirmez ve başkaları için yaşam kapısı açmaya çalışırlar.

Burada geçen 'ezilmiş kamış' ile kastedilen bu dünyanın günah ve kötülüğüyle dolu olanlardır. Tüten fitil ise yürekleri kötülükle lekelendiğinden ruhlarının ışığı ölmekte olanları simgeler. Ezilmiş kamış ve tüten fitile benzetilen insanların Rab'be iman etmesi olası değildir. Tanrı'ya inanmalarına rağmen eylemleri dünyevi insanlardan farksızdır. Hatta Kutsal Ruh'a karşı konuşur ya da Tanrı'ya karşı dururlar. İsa'nın zamanında İsa'ya iman etmeyen pek çok insan vardı. Ve gücün böylesine olağanüstü işlerini görmelerine rağmen yinede Kutsal Ruh'un işlerine karşı durdular. Buna rağmen İsa, son ana kadar onlara imanla baktı ve kurtuluşu almaları için onlara fırsatlar verdi.

Günümüzde kiliselerde bile ezilmiş kamış ve tüten fitil misali pek çok insan vardır. Dudaklarıyla 'Rab' diye seslenirler, ama yine de günah içinde yaşarlar. Hatta bazıları Tanrı'ya karşı bile durur.

Kıt imanlarıyla akılları çelindiğinde tökezler ve kiliseye gelmeye bir son verirler. Kilise tarafından kötü bilinen şeyleri yaptıktan sonra öylesine utanırlar ki kiliseyi terk ederler. Eğer bizde iyilik varsa, ellerimizi önce onlara uzatmalıyız.

Bazıları kilisede sevilmeyi ve kabul görmeyi ister, ama bu olmadığı takdirde içlerindeki kötülük dışarı çıkar. Kilise üyelerince sevilenleri ve ruhta ilerleyenleri kıskanır, onlar hakkında kötü konuşurlar. Kendileri tarafından başlatılmayan bir iş için kendilerini bir araya getiremez ve bu işlerde bir hata bulmaya çalışırlar.

Böylesi vakalarda dahi ruhani iyiliğin meyvesini vermiş olanlar, kötülüklerini dışa vuran bu insanları kabul ederler. Kimin haklı ya da kimin haksız, kimin iyi ya da kimin kötü olduğunun ayrımını yapıp onları baskılamazlar. Doğru bir yürekle ve iyilikle onlara muamele ederek yüreklerini dağlarlar.

Bazı insanlar, art niyetleriyle kiliseye gelmekte olan kişilerin kimliklerini benden ifşa etmemi istediler. Kilise cemaatinin bu sayede kandırılmayacağını ve böylesi insanların kiliseye hiç uğramamaları gerektiğini söylerler. Evet, onların kimliklerini ifşa etmek kiliseyi arındıracaktır, ama bu, onların aileleri ya da onları kiliseye getirenler için ne utanç verici olacaktır! Çeşitli sebeplerle kilise üyelerimizi ayıklayacak olursak, pek de fazla insan kilisede kalmaz. Kilisenin görevlerinden bir tanesi de kötü insanları bile değiştirmek ve onları göksel egemenliğe yönlendirmektir.

Kuşkusuz ki bazı insanlar giderek büyüyen bir kötülük göstermeye devam eder ve onlara iyilik göstermemize rağmen ölüm yoluna düşerler. Fakat bu vakalarda dahi sabrımıza bir sınır çekmeyecek ve o sınırı aşmaları durumunda onları terk etmeyeceğiz. Sonuna kadar vazgeçmeden ruhani yaşamı arama çabalarına izin vermek ruhani iyiliktir.

Buğday ve saman birbirine benzer, ama samanın içi boştur. Hasattan sonra çiftçi buğdayı ambarında toplar ve samanı yakar. Veyahut samanı gübre olarak kullanır. Kilisede de buğday ve saman bulunur. Dıştan herkes inanlı gibi görünebilir, ama Tanrı'nın Sözüne itaat eden buğday olduğu gibi kötülüğün ardınca giden samanda vardır.

Fakat nasıl ki çiftçi hasadı bekliyorsa, sevgi Tanrı'sı da son ana kadar saman gibi olanların değişmesini bekler. Son gün gelene dek içimizde ruhani iyiliği yetiştirerek, herkese kurtulması için şans tanımalı ve herkese imanın gözüyle bakmalıyız.

Gerçekteki iyiliğin ardınca gitme gücü

Bu ruhani iyiliğin diğer ruhani özelliklerden nasıl farklı olduğunu konusunda aklınız karışmış olabilir. İyi Samiriyeli hikâyesinde Samiriyeli'nin eylemleri yardımsever ve merhametli olarak tanımlanabilir. Ve eğer çekişip sesimizi yükseltmiyorsak, o zaman huzur içinde ve alçakgönüllüyüzdür. Öyleyse tüm bu şeyler, ruhani iyiliğin kapsamı içinde sayılır mı?

Kuşkusuz sevgi, yardımsever yürek, merhamet, esenlik ve alçak gönüllüğün hepsi iyiliğin içindedir. Önceden bahsedildiği gibi, iyilik, Tanrı'nın doğasıdır ve oldukça geniş bir kavramdır. Fakat ruhani iyiliğin göze çarpan özelliği, bu iyiliğin ardınca gitme arzusu ve onu uygulama gücüdür. Başkalarına acıyarak merhamet etmeye ya da onlara yardım eylemlerine odaklanmaz. Merhamet duyması gerektiği zaman salt geçip gitmeyen Samiriyeli'nin iyiliği üzerindedir odağı.

Ayrıca çekişip bağırmamak, alçakgönüllü olmanın bir özelliğidir. Fakat bu vakalardaki ruhani iyiliğin özelliği, ruhani iyiliğin ardınca gittiğimiz için esenliği bozmuyor oluşumuzdur. Bağırmak ve kabul görmek yerine, alçakgönüllü olmayı isteriz çünkü iyiliğin ardınca gideriz.

Eğer iyiliğin meyvesine sahipseniz, sadık olduğunuz zaman sadece tek bir konuda değil, ama Tanrı'nın verdiği tüm görevlerde sadık olursunuz. Eğer görevlerinizden birini ihmal ederseniz, bu yüzden sıkıntı çekecek biri olabilir. Tanrı'nın egemenliği layıkıyla gerçekleştirilmeyebilir. Dolayısıyla, eğer içinizde iyilik varsa, bu konularda rahat hissetmezsiniz. Onları ihmal edemezsiniz; dolayısıyla Tanrı'nın bütün evinde sadık olmaya çabalarsınız. Bu ilkeyi, ruhun tüm diğer özelliklerine uygulayabilirsiniz.

Kötü olanlar, kötülükle hareket etmedikleri takdirde rahat hissetmezler. Kötülüğe sahip oldukları ölçüde o kötülüğü çıkardıkları oranda iyi hissederler. Başkalarının sözünü kesme alışkanlığı olanlar, başkalarının sohbetini bölemediklerinde kendilerini kontrol edemezler. Başkalarının duygularını incitmelerine ya da onlara zorluk çıkarmalarına rağmen ancak istediklerini yaptıkları takdirde huzur bulabilirler. Buna rağmen eğer Tanrı'nın Sözüyle uyuşamayan kötü alışkanlıklarını ve davranışlarını hatırlar ve bunları söküp atma çabalarına devam ederlerse, onların pek çoğunu söküp atabileceklerdir. Fakat eğer denemez ve vazgeçerlerse, on ve hatta yirmi sene sonra bile aynı kalacaklardır.

Fakat iyiliğin insanları onların tam tersidir. İyiliği izlemezlerse zarara uğradıkları zamandan daha rahatsızlık verici hisler duyar ve sürekli bunu düşünürler. Dolayısıyla zarara uğrasalar bile başkalarına zarar vermeyi istemezler. Külfetli bulsalar bile kuralları tutmaya çalışırlar.

Pavlus'un söylediklerinden bu yüreği duyumsayabiliriz. Et yiyordu ama yediği şey bir başkasının sendeleyip düşmesine neden olacaksa bir daha hiç et yememeye hazırdı. Benzer şekilde onlarında hoşlandığı şeyler başkalarına rahatsızlık veriyorsa, iyiliğin insanları aksine bundan haz almaz ve başkalarının iyiliği için bunlardan vazgeçmeyi mutluluk sayar. Başkalarını utandıracak bir şeyi yapmazlar. Kutsal Ruh'un inlemesine yol açacak bir şeyi asla yapmazlar.

Tüm şeylerde iyiliğin ardınca gitmeniz, ruhani iyiliğin meyvesini vermekte olduğunuz anlamına gelir. Ruhani iyiliğin meyvesini verirseniz, Rab gibi davranırsınız. Bir kişinin azıcık dahi sendelemesine neden olacak hiçbir şey yapmazsınız. Rab'be benzerliğinizle saygın olacaksınız. Ve davranışlarınızla diliniz mükemmel olacaktır. Mesih'in kokusunu vererek, herkesin gözünde güzel görüneceksiniz.

Matta 5:15-16 ayetleri şöyle der: " Kimse kandil yakıp tahıl ölçeğinin altına koymaz. Tersine, kandilliğe koyar; evdekilerin hepsine ışık sağlar. Sizin ışığınız insanların önünde öyle parlasın ki, iyi işlerinizi görerek göklerdeki Babanız'ı yüceltsinler!" Ayrıca 2 Korintliler 2:15 ayeti şöyle der: "Çünkü biz hem kurtulanlar hem de mahvolanlar arasında Tanrı için Mesih'in güzel kokusuyuz." Bu sebeple hızla ruhani iyiliğin meyvesini vererek ve Mesih'in kokusunu dünyaya yayarak, tüm şeylerde Tanrı'yı yüceltmenizi umut ediyorum.

Çölde Sayım 12:7-8

"O bütün evimde sadıktır;

Onunla bilmecelerle değil,

Açıkça, yüzyüze konuşurum.

O RAB'bin suretini görüyor."

8. Bölüm

Bağlılık

Bağlılığımızın kabul görmesi için
Verilen işten fazlasını yapın
Gerçekte bağlı olun
Efendinin isteğine göre çalışın
Tanrı'nın bütün evinde sadık olun
Tanrı'nın egemenliği ve doğruluğu için bağlılık

Bağlılık

Bir adam yabancı bir ülkeye seyahate gidiyordu. Kendisi uzaktayken mallarını emanet etmesi gerekiyordu ve böylece bu işi üç kölesine verdi. Her birinin yeteneğine göre, birine bir, birine iki, birine de beş talant verdi. Beş talant alan, hemen gidip bu parayı işletti ve beş talant daha kazandı. İki talant alan da iki talant daha kazandı. Bir talant alan ise gidip toprağı kazdı ve efendisinin parasını sakladı ve hiç bir kar elde etmedi.

Efendileri, ekstra iki ve beş talan kazanan kölelerini, "Aferin, iyi ve güvenilir köle" (Matta 25:21) diyerek övdü. Ama bir talantı toprağa gömen köleyi, "Kötü ve tembel köle!" (a. 26) diyerek azarladı.

Tanrı'da yeteneklerimize göre bizlere görevler verir ki O'nun için çalışalım. Ancak görevlerimizi tüm gücümüzle yerine getirdiğimizde ve göksel egemenliğe fayda sağladığımızda "iyi ve güvenilir köle" sayılırız.

Bağlılığımızın kabul görmesi için

"Bağlılık" kelimesinin sözlük anlamı; 'sevgi ve sadakatte kararlı olma özelliği ya da vaatlere vefa veya görevin gözetilmesi' olarak tanımlanır. Dünyada bile bağlı insanlara güvenilir oldukları için yüksek değer verilir.

Fakat Tanrı'nın onayladığı bağlılık, dünyevi insanların bağlılığından farklıdır. Görevlerimizi eylemlerimizle tamamıyla yerine getirmek ruhani bağlılık olamaz. Ayrıca belli bir alanda tüm çabalarımızı ve hatta yaşamlarımızı bile ortaya koysak tam bir bağlılık sayılmaz. Bir eş, bir anne ya da bir koca olarak görevlerimizi yerine getirmemize bağlılık denebilir mi? Bunlar yapmamız gereken şeylerdir.

Ruhani bağlılığa sahip olanlar, Tanrı'nın egemenliğinde hazinelerdir ve hoş bir koku yayarlar. Değişmeyen bir yüreğin, kararlı bir itaatin kokusunu yayarlar. Çalışkan bir öküzün itaati ve güvenilir bir yüreğin kokusuyla kıyaslanabilir. Eğer bu çeşit kokular yayabiliyorsak, Rab'de ayrıca hoş olduğumuzu söyleyecek ve bizleri kucaklamayı isteyecektir. Musa için durum böyleydi.

İsrailoğulları, 400 yıldan fazla Mısır'da köleydiler ve Musa'nın görevi onları Kenan diyarına götürmekti. Tanrı, Musa'yı o kadar çok seviyordu ki, onunla yüz yüze konuşuyordu. Tanrı'nın bütün evinde sadıktı ve Tanrı'nın kendisine buyurduğu her şeyi yerine getirdi. Yüklenmek zorunda kalacağı tüm sorunları düşünmedi bile. Ailesine sadık olduğu gibi İsrail'in önderi olma görevini yerine getirirken her alanda sadık olmaktan çok daha fazlası oldu.

Bir gün Musa'nın kayınbabası Yitro ona geldi. Musa, İsrail halkı için Tanrı'nın yaptığı tüm olağanüstü şeyleri ona anlattı. Ertesi gün Yitro garip bir şey gördü. İnsanlar, günün erken saatinde Musa'yı görmek için sıraya girmişlerdi. Kendi aralarında çözemedikleri itilafları ona getiriyorlardı. Bunun üzerine Yitro bir öneride bulundu.

Mısır'dan Çıkış 18:21-22 ayetleri şöyle der: "Bunun yanısıra halkın arasından Tanrı'dan korkan, yetenekli, haksız kazançtan nefret eden dürüst adamlar seç; onları biner, yüzer, elişer, onar kişilik toplulukların başına önder ata. Halka sürekli onlar yargıçlık etsin. Büyük davaları sana getirsinler, küçük davaları kendileri çözsünler. Böylece işini paylaşmış olurlar. Yükün hafifler." Musa onun sözlerini dinledi. Kayınbabasının haklı olduğunu fark etti ve önerisini kabul etti. Haksız kazançtan nefret eden yetkin adamlar seçti ve onları biner, yüzer, ellişer, onar kişilik toplulukların başına önder atadı. Halka sürekli yargıçlık eden bu kişiler zor davaları Musa'ya getirdiler, küçük ve rutin davaları ise kendileri çözdüler.

Bir kişi, iyi bir yürekle tüm görevlerini yerine getirdiğinde bağlılığın meyvesini verebilir. Musa insanlara hizmet ettiği gibi ailesine de sadıktı. Tüm vaktini ve emeğini harcadı ve bu sebeple Tanrı'nın bütün evinde sadık olan biri olarak onandı. Çölde Sayım 12:7-8 ayetleri şöyle der: "Ama kulum Musa öyle değildir. O bütün evimde sadıktır. Onunla bilmecelerle değil, Açıkça, yüzyüze konuşurum. O RAB'bin suretini görüyor."

Öyleyse Tanrı'nın tasdik ettiği bağlılığın meyvesini veren kişi nasıl bir insandır?

Verilen işten fazlasını yapın

İşlerini yerine getirip çalışmalarının karşılığını alan işçilerin sadık olduğunu söyleyemeyiz. Onların işlerini yaptığını söyleyebiliriz, ama sadece kendilerine ödenen kadarını yapmışlardır. Dolayısıyla sadık olduklarını söyleyemeyiz. Fakat ücretli işçiler arasında bile kendilerine ödenenden fazlasını yapanlar vardır. Bunu gönülsüzlükle ya da kendilerine ödenenden biraz fazlasını yapmak zorunda olduklarını düşünerek yapmazlar. Zamanı ve parayı esirgemeden, yüreklerinden gelen bir arzuyla tüm yürekleri, düşünceleri ve ruhlarıyla görevlerini yerine getirirler.

Bazı tam-zamanlı kilise çalışanları, kendilerine verilenden daha fazlasını yaparlar. Çalışma saatlerinden sonra ya da tatil günlerinde çalışır ve çalışmadıkları zaman ise her zaman Tanrı'ya olan görevlerini düşünürler. Kendilerine verilen görevden fazlasını yaparak, her daim kiliseye ve cemaate daha iyi hizmet verecekleri yolları düşünürler. Dahası, insanlara göz kulak olmak için hücre önderlerinin görevlerini üstlenirler. Bize emanet edilenden daha fazlasını yapmak bağlılıktır.

Ayrıca sorumluluk alırken, bağlılığın meyvesini verenler, yapmakla sorumlu olduklarından daha fazlasını yapacaklardır. Örneğin Musa, günah işleyen İsrailoğullarını kurtarmak için dua ederken yaşamını ortaya koydu. Onun duasını Mısır'dan Çıkış 32:31-32 ayetlerinde okuyabiliriz: "Çok yazık, bu halk korkunç bir günah işledi. Kendilerine altın put yaptılar. Lütfen günahlarını bağışla, yoksa yazdığın kitaptan adımı sil."

Musa, görevlerini yerine getirdiği zaman Tanrı'nın kendisinden yapmasını buyurduklarına sadece eylemleriyle itaat etmekle kalmadı. "Tanrı'nın isteğini onlara duyururken elimden gelenin en iyisini yaptım, ama iman etmediler. Daha fazla onlara yardım edemem," diye düşünmedi. Tanrı'nın yüreği ondaydı ve tüm sevgisi ve çabasıyla insanlara rehberlik etti. Bu yüzden insanların günah işlemesini kendi hatası olarak gördü ve bunun sorumluluğunu almayı istedi.

Elçi Pavlus içinde durum aynıydı. Romalılar 9:3 ayeti şöyle der: "Kardeşlerimin, soydaşlarım olan İsrailliler'in yerine ben kendim lanetlenip Mesih'ten uzaklaştırılmayı dilerdim." Fakat Musa ile Pavlus'un bağlılıklarını duymamız ve bilmemiz, ille de bizlerinde bağlılığı yetiştirmiş olduğu anlamına gelmez.

İmanları olan ve görevlerini yerine getirenler bile Musa'nın durumunda olsalardı farklı bir şeyler söylerlerdi. "Tanrım, elimden geleni yaptım. İnsanlara acıyorum ama bende onlara rehberlik ederken çok sıkıntı çektim" diyebilirlerdi. Aslında söylemek istedikleri şu olurdu: "Yapmam gereken her şeyi yaptığım için kendime güvenim tam." Veyahut insanların günahları yüzünden diğerleriyle birlikte sorumluluk kendilerinde olmamasına rağmen azarlanacakları endişesini taşırlardı İşte böylesi insanların yürekleri, bağlılıktan çok uzaktır.

Kuşkusuz ki herkes, "Lütfen günahlarını bağışla, yoksa yazdığın kitaptan adımı sil," diye dua edemez. Bu şu anlama gelir: Eğer yüreklerimizde bağlılığın meyvesini verirsek, yanlış giden meselelerde sorumlu olmadığımızı söyleyemeyiz. Eylemlerimizde elimizden gelenin en iyisini yaptığımızı düşünmeden önce ilk kez bize görevler verildiğinde nasıl bir yüreğe sahip olduğumuzu öncellikle düşünürdük.

Ayrıca Tanrı'nın insanlara olan sevgi ve merhametini, günahlarından dolayı onları cezalandıracağını söylemesine rağmen mahvolmalarını istemediğini öncelikle düşünürüz. O zaman Tanrı'ya nasıl bir dua ederdik? Muhtemelen yüreklerimizin derinliklerinden, "Tanrım, benim hatamdı. Onlara daha iyi rehberlik edemeyen bendim. Benim adıma onlara bir şans daha tanı!" derdik.

Diğer herşey de durum aynıdır. Sadık olanlar sadece, "yeterinde yaptım," demez, ama tüm yürekleri taşarcasına çalışırlar. 2. Korintliler 12:15 ayetinde Pavlus şöyle der: "Ben de canlarınız uğruna malımı da kendimi de seve seve harcayacağım. Sizi daha çok seversem, daha az mı sevileceğim?"

Kısaca Pavlus ne insanlarla ilgilenmeye zorlandı ne de bunu göstermelik yaptı. Görevini yerine getirmekten büyük bir sevinç duydu ve bu yüzden başkaları için seve seve harcayacağını söyledi.

Başkaları için tam bir adanmışlıkla kendini tekrar tekrar sundu. Pavlus'un durumunda olduğu gibi taşan bir sevinç ve sevgiyle görevlerimizi yerine getirmemiz gerçek bağlılıktır.

Gerçekte bağlı olun

Bir kişinin çeteye katıldığını ve yaşamını çete başına adadığını farz edin. Tanrı, o kişinin sadık olduğunu söyler mi? Tabii ki hayır! Tanrı ancak iyilikte ve gerçekte bağlı olduğumuzda sadakatimizi tasdik edebilir.

Hristiyanlar imanda sebatlı bir yaşam sürdürdükçe muhtemelen onlara birçok görevler verilecektir. Bazen başlangıçta görevlerini şevkle yerine getirmeye çalışırlar, ama belli nokta da bırakırlar. İşlerini büyütmekle ilgili planları akıllarını başlarından alır. Yaşamın zorlukları ya da başkalarından gelen zulümlerden kaçınmak istediklerinde görevlerine olan şevki kaybedebilirler. Fikirleri neden böyle değişir? Çünkü Tanrı'nın egemenliği için çalışırken ruhani bağlılığı ihmal etmişlerdir.

Ruhani iman, yüreklerimizin sünnetini gerçekleştirmektir. Sürekli olarak yüreklerimizin kaftanlarını yıkamaktır. Her türlü günahı, yalanı, kötülüğü, haksızlığı, yasa tanımazlığı ve karanlığı söküp atmak ve kutsal olmaktır. Vahiy 2:10 ayeti şöyle der: "Ölüm pahasına da olsa sadık kal, sana yaşam tacını vereceğim." Burada ölüm pahasına sadık olmak, fiziki anlamda ölene dek çok çalışmamız ve sadık olmamız gerektiği anlamını taşımaz. Ayrıca tüm yaşamımızla Kutsal Kitap'ta ki Tanrı Sözünü gerçekleştirmeye çabalamamız anlamına gelir.

Ruhani bağlılığı yerine getirmek için öncelikle kanımızı dökme noktasında günaha karşı mücadele etmeli ve Tanrı'nın buyruklarını tutmalıyız. En öncelikli olan, Tanrı'nın oldukça nefret ettiği kötülüğü, günahı ve yalanı söküp atmaktır. Yüreğimizin sünnetini gerçekleştirmeden bedensel anlamda çok çalışmamıza ruhani bağlılık diyemeyiz. Pavlus'un, "her gün ölüyorum," dediği gibi, benliğimizi tamamıyla öldürmeli ve kutsallaşmalıyız. Ruhani bağlılık budur.

Tanrı'nın bizim için en arzuladığı şey kutsallıktır. Bu noktayı kavramalı ve yüreklerimizi sünnet ederken elimizden gelenin en iyisini yapmalıyız. Kuşkusuz ki bu, tamamen kutsallaşmadan hiçbir görevi üstlenemeyeceğimiz anlamını taşımaz. Şu an her ne görevi yapıyorsak, o görevi yerine getirirken kutsallığı yerine getirmemiz anlamını taşır.

Hiç durmadan yüreklerini sünnet edenlerin bağlılıklarında hiçbir değişiklik olmaz. Günlük yaşantılarında zorluklar olduğundan ya da yüreklerinde sıkıntı çektiklerinden değerli görevlerinden vazgeçmezler. Tanrı'nın verdiği görevler, Tanrı'yla bizim aramızda yapılan bir taahhüttür ve hiçbir zorluk altında asla Tanrı'yla olan taahhütlerimizi bozmamalıyız.

Diğer taraftan yüreklerimizin sünnetini ihmal edersek ne olur? Zorluklar ve sıkıntılarla yüzleştiğimiz zaman yüreğimizi muhafaza edemeyiz. Tanrı'yla olan güven ilişkimizi terk edebilir ve görevimizi bırakabiliriz. Sonra Tanrı'nın lütufunu geri kazanırsak, uzun bir zaman yeniden çok çalışırız ve bu döngü böyle sürüp gider. Böyle iniş çıkışları olan kişiler işlerini çok iyi yapsalar da, sadık olarak tanınmazlar.

Tanrı'nın tasdik ettiği bağlılığa sahip olmak için yüreklerimizin sünnetini gerçekleştirmek olan ruhani bağlılığa da sahip olmalıyız. Fakat salt yüreğimizin sünneti bizi ödüllendirmez. Yüreğin sünneti, kurtulan Tanrı çocukları için bir zorunluluktur. Fakat eğer kutsallaşmış bir yürekle günahları söküp atar ve görevlerimizi yerine getirirsek, benliğin düşüncesiyle yerine getirdiğimiz görevlerimizden daha büyük bir meyveyi verebiliriz. Dolayısıyla ödüllerimizde büyük olur.

Örneğin tüm Pazar günü kilisede gönüllü çalışmaktan kanter içinde kaldığınızı farz edin. Fakat birçok kişiyle kavga edip esenliği bozmuş olun. Eğer yakınarak ve gücenerek kiliseye hizmet ederseniz, ödüllerinizin çoğu geri alınır. Ama eğer başkalarıyla esenlik içinde sevgi ve iyilikle kiliseye hizmet ederseniz, tüm işleriniz Tanrı'nın kabul ettiği bir kokuya dönüşür ve her bir eyleminiz ödülünüz olur.

Efendinin isteğine göre çalışın

Kiliselerde Tanrı'nın yüreği ve isteğine göre çalışmalıyız. Ayrıca kilisenin düzeni doğrultusunda önderlerimize itaat ederek bağlı olmalıyız. Özdeyişler 25:13 ayeti şöyle der: "Hasatta kar serinliği nasılsa, Güvenilir ulak da kendisini gönderenler için öyledir. Böyle biri efendilerinin canına can katar."

Görevlerimizde çok sebatkâr olsak bile, sadece kendi istediğimizi yaparsak efendinin arzusunu dindiremeyiz. Çok önemli bir müşteri geleceği için şirket patronunuzun size ofiste kalmanızı söylediğini farz edin. Fakat sizinde ofisle ilgili dışarıda bir işiniz var ve bu işle ilgileniyorsunuz, ama tüm gününüzü alıyor. İş için dışarıda olmanıza rağmen patronunuzun gözünde sadık sayılmazsınız.

Efendinin isteğine itaat etmememizin nedeni ya kendi fikirlerimiz ardınca gitmemiz ya da ben-merkezli dürtülere sahip olmamızdır. Böyle bir kişi efendisine hizmet ediyor gibi görülebilir, ama esasen bunu bağlılıkla yapmamaktadır. Sadece kendi düşünceleri ve arzularının ardınca gitmektedir ve efendinin isteğine her an sırtını dönebileceğini göstermiştir.

Kutsal Kitap'ta Davut'un akrabası ve ordusunun komutanı Yoav adında bir adamı okuruz. Kral Saul, Davut'un peşindeyken, Yoav tüm tehlikelere rağmen Davut'laydı. Bilge ve yiğitti. Davut'un yapılmasını istediği şeyleri idare etti. Ammonlara saldırıp kentlerini ele geçirdiğinde Davut'un gelmesini ve bizzat almasını bekledi. Şehri fethetmenin şanını üzerine almak yerine,

Davut'un almasını sağladı.

Bu şekilde Davut'a çok iyi hizmetlerde bulundu, ama Davut onunla pek de rahat değildi. Çünkü şahsi çıkarları mevzu bahis olduğu bir zaman Davut'a itaatsizlik etmişti. Amacına ulaşmayı istediği zaman Davut'un huzurunda küstahça davranmaktan çekinmedi.

Örneğin Davut'un düşmanı olan komutan Avner, Davut'a gelip teslim olduğunda, Davut onu selamladı ve geri yolladı. Çünkü onu kabul ederek insanları daha hızlı dengeleyebilirdi. Fakat bu gerçeği daha sonra öğrenen Yoav, Avner'in peşine düştü ve onu öldürdü. Çünkü Avner, bir önceki savaşta Yoav'ın erkek kardeşini öldürmüştü. Avner'i öldürdüğü takdirde Davut'un zor bir duruma düşüneceğini biliyordu, ama yinede hislerine kulak verdi.

Ayrıca Davut'un oğlu Avşalom, Davut'a karşı isyan ettiğinde, Davut, Avşolam'ın adamlarıyla savaşmaya gidecek olan askerlere oğluna iyi davranmalarını söyledi. Bu emre rağmen Yoav yinede Avşolam'ı öldürdü. Belki de Avşolam'ın yaşamasına izin verseydiler yeniden isyan edebilirdi, ama neticede Yoav, kendi insiyatifyle kralın emrine itaatsizlik etti.

Kralın yanında tüm zorlukların üstesinden gelmesine rağmen can alıcı zamanlarda krala itaatsizlik etti ve Davut ona güvenemedi. Sonunda Yoav, Davut'un oğlu kral Süleyman'a karşı ayaklandı ve idam edildi. O zaman bile Davut'un isteğine itaat etmek yerine, kendisinin düşündüğü kişiyi kral olarak getirmeyi istedi. Tüm yaşamı boyunca Davut'a hizmet etti, ama övgüye değer bir hizmetli yerine, bir asi olarak yaşamı sonlandı.

Tanrı'nın işini yaptığımızda, işi ne kadar istekle yaptığımızdan ziyade daha önemli olan unsur, Tanrı'nın isteği ardınca gidip gitmediğimizdir. Tanrı'nın isteğine karşı olmanın bağlılıkla alakası yoktur. Ayrıca kilisede çalışırken, kendi fikirlerimizden önce önderlerimizin ardından gitmeliyiz. Bu şekilde düşman iblis ve Şeytan hiçbir suçlama getiremez ve sonunda bizlerde Tanrı'yı yüceltebiliriz.

Tanrı'nın bütün evinde sadık olun

'Tanrı'nın bütün evinde sadık olmak', her halimizle sadık olmamız anlamına gelir. Kilisede belli bir görevimiz olmasa bile bir cemaat üyesi olarak hazır bulunmamız gereken yerde hazır olmamız görevlerimizden biridir.

Sadece kilisede değil, ama işyerinde ve okulda da herkesin görevleri vardır. Tüm bu durumlarda fertler olarak görevlerimizi yerine getirmeliyiz. Tanrı'nın bütün evinde sadık olmak; Tanrı'nın çocukları, kilise önderleri ve üyeleri, aile fertleri, şirket çalışanları ya da okul öğrencileri ve öğretmenleri olarak yaşamlarımızın her alanında görevlerimizi yerine getirmektir. Sadece bir ya da ikisinde sadık olup diğerlerini ihmal etmemeliyiz. Hepsinde sadık olmalıyız.

Şöyle düşünülebilir: 'Tek bir bedenim var. Nasıl her alanda sadık olabilirim?' Fakat ruha dönüştüğümüz ölçüde Tanrı'nın bütün evinde sadık olmak hiç de zor değildir. Eğer ruhta ekersek, verebileceğimiz zaman az olsa bile kesinlikle meyve verebiliriz.

Ayrıca ruhta değişebilenler kendi çıkar ve rahatları ardınca gitmez, ama diğerlerinin çıkarlarını düşünürler. Önce başkalarının bakış açısından olaylara bakarlar. Bu yüzden böyle insanlar kendilerini feda etmek zorunda olsalar bile tüm görevlerini yerine getireceklerdir. Ayrıca ruhun seviyesine eriştiğimiz ölçüde yüreklerimiz iyilikle dolacaktır. Ve eğer iyiysek sadece bir yöne meyletmeyeceğiz. Dolayısıyla pek çok görevimiz olsa onların hiç birini ihmal etmeyeceğiz. Herkesle biraz daha ilgilenerek, tüm çevremizle alakadar olmak için elimizden gelenin en iyisini yapacağız. O zaman çevremizdeki insanlar, yüreklerimizin dürüstlüğünü duyumsayacaklar. Her daim onların yanında olamadığımız için hayal kırıklığına uğramayacak, ama aksine onlarla ilgilendiğimiz için şükran duyacaklar.

Mesela bir bayanın iki görevi vardır; grupların birinde lider, diğerinde ise üyedir. İşte burada eğer iyiliğe sahipse ve bağlılığın meyvesini vermişse, her ikisini de ihmal etmez. 'Diğerin grubun önderi ben olduğum için, üyesi olduğum gruptaki kişiler beni anlayacaklardır, " ditemez. Üyesi olduğu gruba katılamadığı takdirde farklı yollarla ve yürekten o gruba yardımcı olmaya çalışacaktır. Benzer şekilde iyiliğe sahip olduğumuz ölçüde Tanrı'nın bütün evinde sadık ve herkesle esenlik içinde olabiliriz.

Tanrı'nın egemenliği ve doğruluğu için bağlılık

Yusuf, muhafız birliği komutanı Potifar'ın evine bir köle olarak satıldı. Ve Yusuf öylesine sadık ve güvenilirdi ki, Potifar evin tüm işlerini bu genç köleye teslim etti ve ne yaptığını umursamadı. Çünkü Yusuf, efendinin yüreğine sahip olarak, en ufak şeylerle bile elinden gelenin en iyisiyle ilgilendi.

Tanrı'nın egemenliğinin de pek çok alanda Yusuf gibi birçok sadık çalışana ihtiyacı vardır. Belli bir göreviniz varsa ve amirinizin bakmaya hiç gereksinim duymayacağı şekilde sadakatle onu yerine getiriyorsanız, Tanrı'nın egemenliği için ne büyük bir güç olacaksınız!

Luka 16:10 ayeti şöyle der: "En küçük işte güvenilir olan kişi, büyük işte de güvenilir olur. En küçük işte dürüst olmayan kişi, büyük işte de dürüst olmaz." Bir insana hizmet etmiş olsa da, Yusuf, Tanrı'ya olan imanıyla sadakatle çalıştı. Tanrı bunu anlamsızca bulmak yerine Yusuf'u Mısır'ın yöneticisi oldu.

Tanrı'nın işlerinde asla gevşek olmadım. Kilisenin açılışından önce bile her zaman gece boyu dualar sundum, ama kilisenin açılışından sonra şahsi olarak gece yarısından sabah 4'e kadar ettim ve sonra 5'de başlayan şafak duaları toplantısını yönettim. O zamanlar bu gün olduğu gibi akşam 9'da başlayan Daniel dua toplantılarımız yoktu. Başka pederlerimiz ya da hücre önderlerimiz olmadığından tek başıma tüm şafak dua toplantılarını yönetmek zorundaydım. Fakat tek bir gün bile kaçırmadım.

Dahası ilahiyat fakültesine giderken, bir yandan da Pazar, Çarşamba ve Cuma tüm gece boyu ayinlerinin vaazlarını da hazırlamak zorundaydım. Salt yorgunum diye görevlerimi asla bir kenara itmedim ya da başkalarına bırakmadım. Fakülteden geldikten sonra hasta insanlarla ilgileniyor ya da diğer cemaat üyelerini ziyaret ediyordum. Ülkenin dört bir yanından gelen pek çok hasta insan oluyordu. Ruhsal olarak hizmet etmek için, ziyaret ettiğim her bir cemaat üyesine tüm yüreğimi koydum.

O zamanlar kiliseye gelmek için bazı öğrencilerin iki ya da üç otobüs değiştirmesi gerekiyordu. Artık kilisemizin otobüsleri var, ama o zamanlar yoktu. Öğrencilerin otobüs ücretlerinin tasasını duymadan kiliseye gelebilmelerini istedim. Ayinlerden sonra öğrencilerin arkasından otobüs durağına gidiyor ve onlara jetonla bilet vererek gidişlerini izliyordum. Onlara yeterli sayıda otobüs jetonu veriyordum ki bir sonraki gün kiliseye gelebilsinler. Kiliseye verilen sunuların miktarı birkaç on dolardan oluşuyordu ve kilise bununla başa çıkamazdı. Dolayısıyla ben kendi birikimimden onların otobüs ücretlerini ödüyordum.

Kayıt yaptıran yeni kişilerin her birini bir hazine sayıyordum. Onlar için dua ediyor ve onları kaybetmemek için sevgiyle onlara hizmet ediyordum. Bu sebeple o zamanlar kayıt yaptıran hiç kimse kiliseyi terk etmedi. Bu gün kilisemizin pek çok üyesi bulunmaktadır. Peki, bu bağlılığımın soğuduğu anlamına mı geliyor? Tabii ki hayır! Onlara duyduğum sıcaklık asla soğumadı.

Bu gün dünya üzerinde 10,000'den fazla şube kilisemiz, onlarca pederimiz, büyüklerimiz, kıdemli bayan diyakozlarımız, bölgeler, bucaklar ve gruplarımız için önderlerimiz bulunmaktadır. Ve hala canlara olan dualarım ve sevgim daha da şevkle büyümektedir.

Hiç Tanrı'ya olan bağlılığınızda bir soğuma oldu mu? Aranızda zamanında Tanrı'dan gelen görevlere sahip olup şimdi hiç olmayan var mı? Geçmişte olduğu gibi bu günde göreviniz aynıysa sıcaklığınızda soğuma oldu mu? Gerçek bir imana sahipseniz, imanda olgunlaştıkça bağlılığımız artar, Tanrı'nın egemenliğini gerçekleştirmek ve sayısız insanı kurtarmak için Rab'de sadık oluruz. Böylece daha sonra göklerde büyük oranda değerli ödüller alırız.

Eğer Tanrı, bağlılığı sadece eylemlerde isteseydi insanı yaratmak zorunda kalmazdı çünkü gayet güzel itaat etmekte olan sayısız göksel varlık ve melekler bulunmaktadır. Fakat Tanrı, robotlar misali koşulsuzca itaat eden birilerini istemedi. Tanrı'ya olan sevgileri yüreklerinin derinliklerinden yükselen sadık çocuklara sahip olmak istedi.

Mezmurlar 101:6 ayeti şöyle der: "Gözüm ülkenin sadık insanları üzerinde olacak, Yanımda oturmalarını isterim; Bana dürüst yaşayan kişi hizmet edecek." Kötülüğün her türlü formunu söküp atan ve Tanrı'nın bütün evinde sadık olanlar, göklerin en güzel yeri olan Yeni Yeruşalim'e girmek için kutsanacaklardır.

Dolayısıyla Tanrı'nın egemenliğinin sütunları olan işçiler olmanızı ve Tanrı'nın tahtına yakın olma onurunun tadını çıkarmanızı umut ediyorum.

Matta 11:29

"Boyunduruğumu yüklenin,

benden öğrenin.

Çünkü ben yumuşak huylu, alçakgönüllüyüm.

Böylece canlarınız rahata kavuşur."

9. Bölüm

Yumuşak Huyluluk

Pek çok insanı kabullenen yumuşak huyluluk
Cömertliğin eşlik ettiği ruhani yumuşak huyluluk
Yumuşak huyluluğun meyvesini verenlerin özellikleri
Yumuşak huyluluğun meyvesini vermek için
İyi toprak yetiştirin
Yumuşak huylular için kutsamalar

Yumuşak Huyluluk

Şaşırtıcı bir şekilde pek çok insan çabuk sinirlenme, depresyon ya da oldukça içe dönük veya dışa dönük karakterleri konusunda endişe duyarlar. Bazı insanlar, "ne yapayım, benim karakterim böyle!" diyerek, işler istedikleri gibi gitmediğinde her şeyi kişiliklerine yorarlar. Fakat Tanrı insanı yarattı ve Tanrı'nın insanların kişiliklerini Gücüyle değiştirmesi zor değildir.

Musa öfkesiyle bir adamı öldürmüştü, ama Tanrı'nın gücüyle öylesine değişti ki, yeryüzünde Tanrı'nın tanıdığı en alçakgönüllü ve uysal kişi oldu. Elçi Yuahnna'nın lakabı, 'gökgürültüsünün oğlu' idi, ama Tanrı'nın gücüyle değişti ve 'yumuşak huylu' elçi olarak anıldı.

Çabuk öfkelenenler, böbürlenenler, ben-merkezli olan kötülüğü söküp atmakta ve yüreklerinin tarlasını sürmekte istekliyseler değişebilir ve yumuşak huyluluğun özelliklerini yetiştirirler.

Pek çok insanı kabullenen yumuşak huyluluk

Sözlüklerde yumuşak huyluluğun tanımı; yumuşak, ılımlı veya nazik olma durumu olarak tanımlanır. Çekingen ya da 'utangaç şekilde asosyal' karakterler veya kendilerini gayet iyi ifade edemeyenler yumuşak huylu gibi görünürler. Saf olanlar veya düşük entelektüel seviyeleri yüzünden öfkelenmeyenler, dünyevi insanların gözünde yumuşak huylu görünebilirler.

Fakat ruhani yumuşak huyluluk, basitçe kibarlık ve yumuşaklık değildir. Bilgeliğe ve doğruyla yanlışı ayırma kabiliyetine sahip olmak ve aynı zamanda kendinde hiçbir kötülük olmadığından herkesi anlamak ve kabullenmektir. Kısaca ruhani yumuşak huyluluk, kibarlığın ve yumuşak karakterin eşlik ettiği cömertliktir. Eğer bu erdemli cömertliğe sahip olursanız sadece her daim kibar olmakla kalmaz ama ayrıca gerektiğinde ciddiyetinizde olur.

Yumuşak huylu insanın yüreği pamuk gibi yumuşaktır. Eğer üzerine taş atar veya iğneyle dürterseniz pamuk sadece o nesneyi örter ve sarmalar. Benzer şekilde, diğer insanlar kendilerine nasıl muamele etmiş olurlarsa olsunlar, ruhani yumuşaklığa sahip olanlar yüreklerinde o kişilere karşı kin tutmazlar. Yani öfkelenmez ya da rahatsızlık hissetmezler. Ve başkalarına da sıkıntı vermezler.

Yargılayıp suçlamaz, ama anlar ve kabul ederler. İnsanlar, bu gibi insanların yanında rahat olur ve pek çokları, yumuşak huyluların yanına gelerek huzur bulur. Tıpkı birçok kuşun dallarına konup yuva kurduğu ve soluklandığı çok dallı dev bir ağaç gibidirler.

Musa, Tanrı'nın yumuşak huylu olarak tanıdığı insanlardan biriydi. Çölde Sayım 12:3 ayeti şöyle der: "Musa yeryüzünde yaşayan herkesten daha alçakgönüllüydü." Mısır'dan çıkış esnasında İsrailoğullarının sayısı 600,000 yetişkin erkekten fazlaydı. Kadın ve çocuklarla birlikte sayıca iki milyondan fazla olmalıydılar. Böylesine büyük sayıda insana rehberlik etmek sıradan bir insan için oldukça zor bir görevdir.

Bu, Mısır'ın eski köleleri olarak yürekleri nasırlanmış bu insanlar için özellikle doğrudur. Eğer düzenli olarak dövülür, kötü ve taciz eden bir dil duyar ve kölelerin ağır işlerini yaparsanız, yüreğiniz taşlaşır ve nasır tutar. Böyle bir durumda onların yüreklerine lütuf ekmek ya da onların yürekten Tanrı'yı sevebilmesi kolay değildir. Bu yüzden insanlar, Musa'nın ortaya koyduğu büyük güce rağmen hep Tanrı'ya itaatsizlik ettiler. Ufacık bir zorlukla karşılaştıklarında hemen yakınmaya başlayıp Musa'ya karşı geldiler. Musa'nın 40 yıl boyunca böylesi insanlara öncülük ettiği gerçeğine bakarak onun ruhani bakımdan ne kadar yumuşak huylu olduğunu anlayabiliriz. Musa'nın bu yüreği, Kutsal Ruh'un meyvelerinden biri olan ruhani yumuşak huyluluktur.

Cömertliğin eşlik ettiği ruhani yumuşak huyluluk

"Öfkelenmem ve diğerlerinden daha yumuşak huylu olduğumu düşünüyorum. Ama dualarıma gerçektende yanıt alamıyorum. Kutsal Ruh'un sesini de çok iyi duyduğum söylenemez," diye düşünen biri var mı? O zaman yumuşak huyluluğunuzun benliğe ait olup olmadığını gözden geçirmelisiniz. Ilımlı ve sakin göründüğünüz takdirde insanlar sizin yumuşak huylu olduğunu söyleyebilirler, ama bu sadece benliğe ait yumuşak huyluluktur.

Tanrı'nın istediği ruhani yumuşak huyluluktur. Ruhani yumuşak huyluluk salt kibar ve ılımlı olmak değildir, ama erdemli cömertlikte ona eşlik eder. Ruhani yumuşak huyluluğu tamamıyla yetiştirmek için yüreğin uysallığı yanı sıra görülebilir erdemli cömertlik özelliğine de sahip olmalısınız. Kendi karakterine uygun takım elbise giyen mükemmel kişilikli bir insanla benzerdir.

Eğer iyi karakterli bir kişi giysi olmadan çıplak geziniyorsa, çıplaklığı utancı olur. Benzer şekilde erdemli cömertliğin olmadığı bir yumuşak huyluluk tam sayılmaz. Erdemli cömertlik, yumuşak huyluluğun ışığını yansıtan takım elbise gibidir. Fakat kuralcı veya riyakâr eylemlerden farklıdır. Eğer yüreğinizde kutsallık yoksa dıştan hoş eylemleriniz var diye erdemli cömertliğe sahip olduğunuz söylenemez. Eğer yüreğinizi yetiştirmek yerine uygun eylemlerde bulunmaya yöneliyorsanız muhtemelen noksan yanlarınızın farkına varmanız sonlanacak ve kazayla büyük oranda ruhsal gelişim gerçekleştirdiğinizi düşüneceksiniz. Fakat bu dünyada bile iyi kişiliklere sahip olmadan dıştan iyi görünenler başkalarının yüreklerini kazanamazlar. İmanda da iç güzelliği yetiştirmeden dışa dönük eylemler üzerinde yoğunlaşmak anlamsızdır.

Örneğin bazı insanlar düzgün davranırlar, ama kendileri gibi davranmayanları yargılar ve onlara tepeden bakarlar. Ayrıca, 'Doğru olan yol budur. Öyleyse neden bu şekilde yapmıyorlar?' düşünerek kendi ahlaki değerleri üzerinde ısrarcı olabilirler. Öğüt verirken hoş sözler söyleyebilirler, ama yüreklerinde onları yargılar, kendilerine has doğrulukları ve kötü hisleriyle konuşurlar. İnsanlar, bu insanların yanında huzur bulmaz. Onların yanında sadece incinir ve cesaretlerini kaybederler ve bu yüzden bu insanların yakınında olmayı istemezler.

Bazı insanlarda kendilerine has doğrulukları ve kötülükleriyle öfkelenir ve sinirlenirler. Ama bunun 'doğru bir kızgınlık' olduğunu ve başkalarının yararına olacağını söylerler. Fakat erdemli cömertliğe sahip insanlar hiçbir koşulda iç huzuru kaybetmezler.

Eğer Kutsal Ruh'un meyvelerini gerçekten vermeyi istiyorsanız, salt dış görünüşle yüreğinizdeki kötülüğü örtemezsiniz. Eğer yapıyorsanız, bu sadece başkaları için yaptığınız bir şovdur. Her şeyde kendinizi tekrar tekrar gözden geçirmeli ve iyiliğin yolunu seçmelisiniz.

Yumuşak huyluluğun meyvesini verenlerin özellikleri

İnsanlar, yumuşak huylu ve geniş yürekli insanları gördüklerinde onların yüreklerinin bir okyanus gibi olduğunu söylerler. Okyanuslar, akarsuların ve nehirlerin kirli sularını alıp arıtır. Eğer okyanus gibi geniş ve yumuşak huylu bir yüreği yetiştirirsek, günahla lekelenmiş insanları bile kurtuluş yoluna sokabiliriz.

Eğer içte yumuşak huyluluğun eşlik ettiği dışta cömertliğe sahipsek, pek çok insanın yüreğini kazanabilir ve pek çok büyük şey başarabiliriz. Şimdi yumuşak huyluluğun meyvesini veren karakterlere birkaç örnek vereyim.

İlk olarak eylemlerinde vakur ve ılımlıdırlar.

Ilıman karakterli görünüp aslında kararsız olanlar başkalarını kabullenemezler. Onlara ya tepeden bakılır ya da başkalarınca kullanılırlar. Tarihte bazı krallar yumuşak huylu olup erdemli cömertliğe sahip olmadıklarından ülkelerinde istikrar olmamıştır. Daha sonra bu kişiler yumuşak huylu değil, ama aciz ve kararsız olarak değerlendirilmişlerdir.

Öte yandan ise bazı kralların, saygınlığın eşlik ettiği bilgeliğin yanı sıra sıcak ve uysal karakterleri olmuştur. Böyle kralların yönetimi altında ülkelerde istikrar olmuş ve insanlar huzur içinde yaşamışlardır. Yumuşak huyluluğa ve erdemli cömertliğe sahip olanlar doğru yargılama normlarına sahiptirler. Doğru bir şekilde doğruyla yanlışı ayırarak doğru olanı yaparlar.

İsa, tapınağı arındırdığı ve Ferisilerle din bilginlerinin ikiyüzlülüklerini yüzlerine vurduğunda oldukça güçlü ve sertti. 'Ezilmiş kamışı kırmayan, tüten fitili söndürmeyen' yumuşak huylu bir yüreğe sahipti, ama yinede yapmak zorunda kalınca insanları sertçe azarladı. Eğer yüreğinizde böyle bir saygınlık ve doğruluk varsa, asla sesinizi yükseltmemenize ya da sert olmaya çalışmamanıza rağmen insanlar size tepeden bakmazlar.

Dış görünüşte ayrıca Rab'bin davranışlarına ve bedenin yetkin işlerine sahip olmakla ilintilidir. Erdemli olanların sözlerinde saygınlık, yetkinlik ve ciddiyet vardır. Dikkatsizce anlamsız sözler sarf etmezler. Her etkinlik için uygun giysileri giyerler. Sert ya da soğuk değil, ama ılıman yüz ifadesine sahiptirler.

Bir insanın dağınık saçları ve giysileri olduğunu, duruşunda vakar olmadığını farz edin. Ayrıca anlamsız şeyler hakkında şakalar ya da konuşmalar yaptığını varsayın. Muhtemelen böyle bir insanın başkalarının güvenini ve saygısını kazanması oldukça zordur. Diğer insanlar onun tarafından kabullenip kucaklanmayı istemeyecektir.

Eğer İsa sürekli şaka yapıyor olsaydı, öğrencileri de O'nunla şakalaşmayı denerdi. Bu durumda onlara zor bir şey öğrettiğinde öğrencileri hemen tartışır ya da kendi fikirleri üzerinde ısrar ederlerdi. Fakat bunu yapmaya cesaret edemediler. Hatta İsa'yla tartışmaya gelenler bile İsa'nın saygınlığı karşısında O'nunla gerçekten tartışamadılar. İsa'nın sözleri ve eylemlerinde her zaman bir ağırlık ve saygınlık vardı. Dolayısıyla insanlar O'nu hafife alamadılar.

Kuşkusuz ki bazen hiyerarşik düzen içindeki üst biri, atmosferi rahatlatmak için astlarına şaka yapabilir. Fakat astların buna katılması, doğru anlayamadıkları anlamına gelir. Fakat eğer liderler düzgün değilse ve akılları karışmış görünüyorlarsa, başkalarının güvenini de kazanamazlar. Özellikle bir şirketin yüksek mevkiindeki kıdemli çalışanların düzgün duruşları, konuşmaları ve davranışları olmalıdır.

Bir kuruluşun amiri, astlarının önünde resmi bir dille konuşabilir ve saygın davranabilir, ama eğer astlarından biri aşırı hürmet gösteriyorsa, o zaman bu amir onu rahatlatmak için resmi bir dil yerine, olağan bir dille konuşabilir. Bu durumda çok fazla kibar olmamak astını rahatlatabilir ve böylece o kişi yüreğini kolayca açabilir. Fakat amirler astlarını sırf rahatlatıyor diye alt kademede ki insanlar amirlerine tepeden bakmamalı, onlarla tartışmamalı ya da onlara itaatsizlik etmemelidir.

Romalılar 15:2 ayeti şöyle der: "Her birimiz komşusunu ruhça geliştirmek için komşusunun iyiliğini gözeterek onu hoşnut etsin." Filipililer 4:8 ayeti şöyle der: "Sonuç olarak, kardeşlerim, gerçek, saygıdeğer, doğru, pak, sevimli, hayranlık uyandıran, erdemli ve övülmeye değer ne varsa, onu düşünün." Tıpkı bu şekilde erdemli ve cömert olanlar, her şeyi doğrulukla yaparlar ve ayrıca insanları rahat hissettirmek konusunda duyarlı olurlar.

İkincisi, Yumuşak huylular sahip oldukları geniş bir yürekle merhametin ve şefkatin eylemlerini ortaya koyarlar. Sadece para ihtiyacında olanlara değil, ama ruhani açıdan yorgun ve zayıf düşmüş olanları da rahatlatarak ve onlara lütuf göstererek yardım ederler. Fakat yumuşak huylulukları sadece yüreklerinde kalıyorsa ona sahip olmalarına rağmen Mesih'in kokusunu vermeleri zordur.

Örneğin imanı yüzünden zulüm gören bir inanlı olduğunu farz edin. O kişinin çevresindeki kilise önderleri bunu öğrendiğinde merhamet duyar ve onun için dua ederler. Bunlar merhameti sadece yüreklerinde hisseden liderlerdir. Öte yandan ise bazıları o kişiyi cesaretlendirir ve rahatlatır, ayrıca duruma göre ona eylem ve hareketlerinde yardım ederler. İmanla üstesinden gelmesi için onu güçlendirirler.

Dolayısıyla yürekte hissedilen bir duyarlılıkla gerçek eylemlerle bunu ortaya koymak, sıkıntıdan geçen bu kişi için çok farklı olacaktır. Yumuşak huyluluk, cömert eylemler olarak dıştan ortaya konduğunda insanlara lütuf ve yaşam verir. Bu sebeple İncil, 'onların yeryüzünü miras alacaklarını' (Matta 5:5) söyler. Erdemli cömertliğin bir sonucu olarak ortaya konan bağlılıkla yakın ilişki içindedir. Yeryüzünü miras edinmek, göksel ödüllere bağlıdır. Genellikle göksel ödüller almanın bağlılıkla bir ilişkisi vardır. Kiliseden teşekkür plaketi, liyakat ya da evangelizm ödülü almanız, bağlılığınızın bir sonucudur.

Benzer şekilde yumuşak huylular kutsamalar alacaktır, ama bu salt yumuşak huylu bir yüreğin sonucu değildir. Yumuşak huyluluk, erdemli ve cömert eylemlerle ifade edildiğinde bağlılığın meyvesini verirler. Ve bunun bir sonucu olarak ödüller alırlar. Kısaca pek çok insanı cömertlikle kabullendiğinizde, onları kucakladığınızda, rahatlattığınızda, cesaretlendirdiğinizde ve onlara yaşam verdiğinizde, bu eylemlerinizle göklerde yeryüzünü miras alacaksanız.

Yumuşak huyluluğun meyvesini vermek için

Öyleyse yumuşak huyluluğun meyvesini nasıl verebiliriz? Kesin olarak yüreklerimizi iyi bir toprak olarak yetiştirmeliyiz.

"İsa onlara benzetmelerle birçok şey anlattı. 'Bakın' dedi, "Ekincinin biri tohum ekmeye çıktı. Ektiği tohumlardan kimi yol kenarına düştü. Kuşlar gelip bunları yedi. Kimi, toprağı az, kayalık yerlere düştü; toprak derin olmadığından hemen filizlendi. Ne var ki, güneş doğunca kavruldular, kök salamadıkları için kuruyup gittiler. Kimi, dikenler arasına düştü. Dikenler büyüdü, filizleri boğdu. Kimi ise iyi toprağa düştü. Bazısı yüz, bazısı altmış, bazısı da otuz kat ürün verdi" (Matta 13:3-8).

Matta 13. Bölümde yüreklerimiz dört çeşit toprağa benzetilmiştir. Bunlar yol kenarı, kayalık yer, dikenler ve iyi toprak olarak sınıflandırılmıştır.

Yol kenarına benzetilen yüreğin toprağı, kendine has doğruluklarını ve ben-merkezci düşüncelerini yıkmalıdır

Yol kenarının üzerinden insanlar geçtiğinden toprak sertleşir ve bu yüzden oraya tohum ekilemez. Tohumlar filizlenemez ve kuşlar gelip bunları yerler. Yürekleri böyle olan insanlar inatçıdır. Yüreklerini gerçeğe açamadıklarından ne Tanrı'yla buluşabilir ne de iman sahibi olabilirler. Onların bilgi ve değer sistemleri öylesine güçlü pekişmiştir ki, Tanrı'nın Sözünü kabul edemezler. Güçlü bir şekilde kendi haklılıklarına inanırlar. Kendilerine has doğruluklarını ve düşüncelerini kırmaları için öncelikli olarak yüreklerindeki kötülüğü yok etmelidirler. Gururu, kibri, inatçılığını ve yalanı muhafaza ederek kendine has doğruluğun ve düşüncelerin yıkılması zordur. Böylesi kötülükler, Tanrı'nın Sözüne inanmaktan alıkoyan benliğin düşüncelerine sahip olmaya insanları itecektir.

Örneğin kafalarında yalanları biriktirenler, başkaları doğruyu söylediğinde dahi kuşku duymaktan kendilerini alamazlar. Romalılar 8:7 ayeti şöyle der: "Çünkü benliğe dayanan düşünce Tanrı'ya düşmandır; Tanrı'nın Yasası'na boyun eğmez, eğemez de..." Yazıldığı gibi, onlar ne Tanrı'nın Sözüne 'Âmin' der, ne de ona itaat ederler.

Bazı insanlar başlangıçta oldukça inatçıdır, ama bir kez lütufu aldıklarında ve düşünceleri değiştiğinde imanlarında gayretli olurlar. Bu, dışa karşı düşüncelerinde sert olup yumuşak ve yumuşaklı iç yüreklere sahip olanların durumudur. Ama yol kenarına benzetilen insanlar, bu insanlardan farklıdır. Onların durumunda iç yürekleri de serttir. Dıştan sert ama içten yumuşak huylu olan bir yürek bir buz şeridine benzetilecek olursa, yol kenarına benzetilen yürek, dibine kadar buz tutmuş bir havuz dolusu suya benzetilir.

Çünkü yol kenarına benzer yürek uzunca bir zaman gerçeğe ait olmayan şeylerle ve kötülükle sertleşmiştir ve kısa sürede onu kırmak kolay değildir. Bir kişinin tekrar tekrar onu kırması gerekir. Tanrı'nın Sözünü kendi düşüncelerine uyar bulmadıkları her zaman kendi düşüncelerinin gerçekten doğru olup olmadığını düşünmelidirler. Ayrıca iyiliğin eylemlerini biriktirmelidirler ki Tanrı onlara lütuf bahşetsin.

Bazen insanlar, iman sahibi olsunlar diye benden dua etmemi isterler. Kuşkusuz ki Tanrı'nın gücüne bu kadar şahit olduktan ve Sözünü dinledikten sonra iman sahibi olamamalarına yazık! Fakat yinede hiç çaba göstermemekten çok daha iyidir. Yol kenarı misali yüreklerin vakasında aile fertleri ve kilise önderleri onlar için dua etmeli ve onlara yol göstermelidir. Fakat önemli olan onların da çaba göstermesidir. O zaman belli bir noktada Sözün tohumu yüreklerinde filizlenmeye başlayacaktır.

Kayalık toprağa benzetilen yürek dünyaya olan sevgisini söküp atmalıdır

Eğer kayalık yere tohum ekerseniz filizlenirler, ama kayalar yüzünden büyüyemezler. Aynı şekilde yüreklerinin toprağı kayalık olanlar da sınamalarla, zulümlerle ya da akıl çelmelerle karşılaşır karşılaşmaz devrilirler.

Tanrı'nın lütufunu aldıklarında gerçektende Tanrı'nın sözüne göre yaşamaya çabalarlar. Hatta Kutsal Ruh'un ateşli işlerini bile deneyim edebilirler. Kısaca Sözün tohumu yüreklerine düşer ve filizlenir. Fakat bu lütufu aldıktan sonra bile Pazar günleri kiliseye gittiklerinde aykırı düşen düşünceleri olur. Kesinlikle Kutsal

Ruh'u deneyim etmişlerdir, ama o duygunun bir anlık duygusal bir heyecan olduğu kuşkusunu hissetmeye başlarlar. Kendilerini kuşkuya düşüren düşüncelere sahip olur ve yüreklerinin kapısını yeniden kaparlar.

Diğerleri için aykırılık, alışkın oldukları hobilerinden ya da diğer eğlencelerden vazgeçmek olabilir ve Rab'bin Gününü kutsal sayıp tutmazlar. İmanda Ruhla-dolu bir yaşam sürdürürken aile fertleri veya işyerinde patronları tarafından sıkıntıya uğrarlarsa, kiliseye gitmekten vazgeçerler. Belli bir süre bolca lütuf almakta ve imanda gayretkeş bir yaşam sürdürmekte görünürler, ama kilisedeki diğer inanlılarla bir sorun yaşadıklarında gücenebilir ve kısa süre içersinde kiliseyi terk ederler.

Öyleyse Tanrı'nın Sözünün köklenmemesinin nedeni nedir? Yüreğe yerleşmiş 'taşlardır'. Yüreğin benliği sembolik olarak 'taşlarla' ifade edilir ve onları söze itaat etmekten alıkoyan gerçeğe ait olmayan şeylerdir. Gerçeğe ait olmayan pek çok şey arasında Sözün köklenmesine mani olanlar bunlardır. Daha net söyleyecek olursak; bu dünyayı seven yüreğin benliğidir.

Eğer bir çeşit dünyevi eğlenceden hoşlanıyorlarsa, onların, "Şabat Gününü kutsal sayıp tutun!" diyen Sözü tutmaları zordur. Ayrıca yüreklerinde açgözlülüğün taşları olanlarda kiliseye gelmezler çünkü Tanrı'ya ondalık ve sunu vermekten nefret ederler. Bazı insanların yüreklerinde nefretin taşları vardır ve bu yüzden sevginin sözü köklenmez.

Kiliseye düzenli gelenler arasında da kayalık toprağa benzeyen yürekleri olan insanlar vardır. Örneğin Hristiyan ailelere doğmuş, onlarca yetiştirilmiş ve çocukluklarından itibaren Sözü öğrenmiş olmalarına rağmen Söze göre yaşamazlar. Kutsal Ruh'u deneyim etmiş ve bazen lütufta almışlardır, ama dünyaya olan sevgilerini söküp atamazlar. Sözü dinlerken, şu anda yaşadıkları şekilde yaşamamaları gerektiğini düşünür, ama evlerine döndüklerinde yeniden dünyaya geri dönerler. Bir ayakları Tanrı'nın, diğer ayakları ise dünyanın üzerinde olacak şekilde iki bacakları çitin üzerinde ayrık bir yaşam sürdürürler. Sözü duymuş oldukları için Tanrı'yı terk etmezler, ama yine de Tanrı'nın Sözünün kök salmasına engel olan pek çok taşa sahiptirler.

Ayrıca bazı kayalık yerler sadece kısmen taşlıdır. Örneğin bazı insanlar fikirleri hiç değişmeden sadıktırlar. Ayrıca biraz meyve de verirler. Fakat yüreklerinde nefret vardır ve her meselede başkalarıyla çekişme içindedirler. Ayrıca yargılayıp suçladıklarından her yerde esenliği bozarlar. Bu nedenle onca yıldan sonra ne sevginin ne de uysallığın meyvesini verirler.

Diğerlerinin yumuşak huylu ve iyi yürekleri vardır. Düşünceli ve diğerlerine karşı anlayışlıdırlar, ama sadık değildirler. Sözlerini kolaylıkla bozarlar ve pek çok açıdan sorumsuzdurlar. Dolayısıyla yüreklerinin tarlasını iyi bir toprağa dönüştürmek için eksik yanlarını geliştirmelidirler.

Öyleyse kayalık tarlayı sürmek için ne yapmalıyız?

İlk olarak Tanrı'nın Sözünün ardından şevkle gitmeliyiz. Belli bir inanlı, sadık olmamızı söyleyen Söze itaatle görevlerini yerine getirmeye çalışmaktadır. Ama düşündüğü gibi kolay değildir.

Kilisede unvan ya da konuma sahip değilken diğerleri kendisine hizmet etmiştir. Fakat şimdi kendisi kilise dışından kişilere hizmet etme konumundadır. Çok çabalıyor olabilir, ama kendisinin yöntemleriyle hem fikir olmayan biriyle çalıştığı zaman bozulur. Kızgınlık ve öfke gibi kötü hisler yüreğinden yükselir. Giderek Ruh'un doluluğunu kaybeder ve hatta görevini bırakmayı bile düşünür. Bu durumda bu kişinin yüreğinin tarlasından söküp atması gereken taşlar bu kötü duygulardır. Bu kötü duygular, 'nefret' denilen büyük kayadan türerler. 'Sadık olun!' sözüne itaat etmeye çalıştığında 'nefret' denilen kayayla yüzleşir. 'Nefret' denilen bu kayayla yüzleşir yüzleşmez onu çekip çıkarmalıdır. Ancak o zaman Tanrı'nın sevmemizi ve esenlik içinde olmamızı söyleyen Sözüne itaat edebilir. Ayrıca zor diye vazgeçmemeli, ama daha da sağlamca görevine sarılmalı ve onu daha istekli yerine getirmelidir. Bu şekilde yumuşak huylu bir çalışana dönüşebilir.

İkinci olarak, Tanrı'nın Sözünü tatbik ederken içtenlikle dua etmeliyiz. Toprağa yağmur düştüğünde nemlenir ve yumuşar. Taşları toplamak için iyi bir zamandır. Benzer şekilde dua ettiğimizde Ruh'la dolacağız ve yüreklerimiz yumuşayacak. Dualarla Kutsal Ruh'la dolduğumuzda bu şansı kaçırmamalıyız. Hızla taşları toplamalıyız. Kısaca daha önce gerçektende itaat edemediğimiz şeyleri derhal uygulamaya koymalıyız. Tekrar tekrar bunu yaptıkça içeriye yerleşen büyük taşlar bile sarsıntıyla yerinden oynar ve çekip çıkarılır. Tanrı'nın yukarılardan bahşettiği lütuf ve gücü, Kutsal Ruh'un doluluğunu aldığımızda kendi irade gücümüzle söküp atamadığımız günah ve kötülükleri söküp atabileceğiz.

Dikenli toprak, dünyasal kaygılar ve zenginliğin aldatıcılığı yüzünden meyve vermez

Dikenli bir toprağa ektiğimiz tohum filizlenebilir ve büyüyebilir, ama dikenler yüzünde hiç meyve vermez. Aynı şekilde dikenli toprağa benzeyen yürekleri olanlarda Söze inanır ve onu uygulayama çalışırlar, ama Sözü tamamen uygulayamaya koyamazlar. Çünkü para, ün ve güce duydukları açgözlülük olan dünyasal kaygılara ve zenginliğin aldatıcılığına sahiptirler. Bu nedenle sıkıntı ve sınamalar içinde yaşarlar. Kiliseye gelmelerine rağmen böyle insanların ev işleri, işyerleri ya da yarın yapacakları işlerle ilgili sürekli kaygıları vardır. Kilise ayinlerine gelerek huzur ve yepyeni bir güç bulmaları gerekiri ama kaygılarıyla tasaları sadece büyür. Onca Pazarı kilisede geçirmelerine rağmen Pazar günlerini kutsal saymanın gerçek sevinci ve esenliğini tadamazlar. Eğer gerçekten Pazar günlerini kutsal sayıp tutarlarsa, canları gönenç içinde olur, ruhani ve maddi açıdan kutsanırlar. Fakat bu şekilde kutsanamazlar. Dolayısıyla dikenleri ayıklamalı ve düzgünce Tanrı'nın Sözünü uygulamalılar ki, toprağı iyi olan bir yüreğe sahip olabilsinler.

Öyleyse dikenli toprağı nasıl sürmeliyiz?

Dikenleri köklerinden çekip çıkarmalıyız. Dikenler, benliğe ait düşünceleri simgeler. Onların kökü, yüreğin kötülüğünü ve benliğin şeylerini simgeler. Kısaca yürekteki kötü ve benliğe ait özellikler, benliğin düşüncelerinin kaynağıdır. Eğer dikenli çalılar dallarından kesilirler yeniden büyürler. Tıpkı bunun gibi; benliğin düşüncelerini istememe kararını almamıza rağmen yüreklerimizde kötülük olduğu müddetçe onları durduramayız. Onu yüreklerimizden kökleriyle çekmeliyiz. Onca kök arasında açgözlülük ve kibir dediğimiz kökleri çekersek, önemli ölçüde yüreklerimizden benliği söküp atabiliriz. Benliğin şeylerine duyduğumuz açgözlülük yüzünden dünyaya bağlanmaya meyleder ve dünyasal şeylerle ilgili kaygılar yaşarız. O zaman Tanrı'nın Sözüne göre yaşadığımızı söylememize rağmen her zaman kendimize faydalı olacak şeyleri düşünür ve kendi yolumuzdan gideriz. Ayrıca kibirliysek tamamıyla itaatte edemeyiz. Benliğin bilgeliğinden ve benliğe ait düşüncelerimizden faydalanırız çünkü bir şey yapmaya muktedir olduğumuzu düşünürüz. Bu sebeple öncelikle açgözlülük ve kibir denilen kökleri çekip çıkarmalıyız.

İyi toprak yetiştirin

Tohumlar iyi toprağa ekildiğinde filizlenir ve 30, 60 veya 100 katı fazlası meyve vermek üzere büyürler. Yüreklerinin tarlası böyle olanların, yol kenarı misali yüreklere sahip olanlar gibi kendilerine has doğrulukları ve düşünce yapıları yoktur. Onlarda hiçbir taş ya da diken bulunmaz. Böylece Tanrı'nın Sözüne sadece 'Evet' ve 'Âmin' diyerek itaat ederler. Bu şekilde bolca meyve verebilirler.

Kuşkusuz ki bir tür ölçü birimiyle analiz edebilirmişiz gibi, insan yüreğinin yol kenarı, kayalık, dikenli ve iyi toprak benzetmeleri arasında net bir ayrım yapmak zordur. Yol kenarına benzetilen yürek, taşlı toprak içerebilir. İyi toprakta bile gelişim süreci esnasında taş misali gerçeğe aykırı şeyler bulunabilir. Ama gayretle sürdüğümüz takdirde hangi tür toprak olursa olsun, onu iyi bir toprağa dönüştürebiliriz. Aynı derecede önemli olan şey, yüreğimizin sahip olduğu tarlanın türünden ziyade ne kadar şevkle onu sürdüğümüzdür.

Bir çiftçinin toprağı gayretle sürmesi durumunda sert ve verimsiz bir toprak bile iyi bir toprağa dönüşebilir. Benzer şekilde insanların yüreklerinin toprağı da Tanrı'nın gücü tarafından değiştirilebilir. Yol kenarına benzetilen katı yürekler bile Kutsal Ruh'un yardımıyla sürülebilir.

Kuşkusuz ki Kutsal Ruh'u almak ille de yüreklerimizin otomatikman değişeceği anlamına gelmez. Bizlerinde çabası olması gerekir. Kendimizi adayarak dua etmeye, her şeyi sadece gerçekte düşünmeye ve gerçeği tatbik etmeye çabalamalıyız. Birkaç hafta ya da aydan sonra vazgeçmemeli, ama çabalamaya devam etmeliyiz.

Tanrı, bizlere lütufunu, gücünü ve Kutsal Ruh'un yardımını vermeden önce çabamıza bakar. Eğer değiştirmemiz gerekenleri aklımızda tutar ve Tanrı'nın lütufu, gücü ve Kutsal Ruh'un yardımıyla hakikaten bu özellikleri değiştirirsek, bir yıl sonra kesinlikle farklı oluruz. Gerçeğin ardınca iyi sözler sarf ederiz ve düşüncelerimizde gerçeğin iyi düşüncelerine dönüşür.

Yüreğimizin tarlasını iyi toprağa dönüştürmek adına sürdüğümüz ölçüde Kutsal Ruh'un diğer meyveleri içimizde doğar. Özellikle yumuşak huyluluk, yürek tarlamızın yetiştirilmesiyle ilgilidir. Kızgınlık, nefret, çekememezlik, kıskançlık, açgözlülük, çekişme, böbürlenme ve kendine has doğruluk gibi gerçeğe ait olmayan çeşitli şeyleri çekip çıkarmadığımız takdirde yumuşak huyluluğa sahip olamayız. O zaman diğer insanlar yanımızda huzur bulamazlar.

Bu sebepledir ki, yumuşak huyluluk, Kutsal Ruh'un diğer meyvelerine nazaran doğrudan kutsallıkla daha fazla ilintilidir. Eğer ruhani yumuşak huyluluğu yetiştirirsek, tıpkı ürün veren iyi toprak gibi dualarımızda dilediklerimizi hızla alabiliriz. Ayrıca Kutsal Ruh'un sesini net duyabildiğimizden her şeyde gönenç yoluna yönlendirilebiliriz.

Yumuşak huylular için kutsamalar

Yüzlerce çalışanı olan bir şirketi yönetmek kolay değildir. Seçimle bir grubun lideri konuma gelseniz bile bütün bir gruba öncülük etmek kolay değildir. Pek çok insanı birleştirebilmek ve onlara öncülük etmek için bir kişinin ruhani yumuşak huyluluk aracılığıyla onların yüreklerini kazanması gerekir.

Kuşkusuz ki bu dünyada insanlar güçlü ve zengin olanları izleyebilir, yardıma muhtaç olanlara yardım ediyor görülebilir. Bir Kore deyişi şöyle der: "Bir bakanın ölen köpeği için yas tutanlar boldur, ama bakanın kendisi öldüğünde tek bir yas tutan bulunmaz." Bu deyişten gücünü ve servetini kaybeden birinin, gerçekten cömertliğin niteliklerine sahip olmuş olup olmadığını çıkarsayabiliriz. Zengin ve güçlü insanların ardından giden insan çok olur, ama o kişi tüm gücünü ve servetini kaybettikten sonra son ana kadar yanında kalacak bir kişi bulmak zordur.

Fakat erdem ve cömertliğe sahip biri gücünü ve servetini kaybetse bile ardından giden insan çoktur. Onun ardından parasal çıkar için değil, ama onda huzur buldukları için giderler.

Kilisede bile bazı önderler, bir grup hücre liderini kabullenip kucaklayamadıklarını söylerler. Eğer grupları için arzuladıkları diriliş ise, öncelikle bir pamuk gibi yumuşak olan yumuşak huylu bir yüreği yetiştirmelidirler. O zaman fertler esenliğin ve mutluluğun tadını çıkararak önderlerinde huzur bulur ve bunu kendiliğinden diriliş izler. Pederler ve vaizler çok yumuşak huylu olmalı ve pek çok insanı kucaklayabilmelidirler.

Yumuşak huylulara bahşedilen kutsamalar vardır. Matta 5:5 ayeti şöyle der: "Ne mutlu yumuşak huylu olanlara! Çünkü onlar yeryüzünü miras alacaklar." Daha önce de bahsedilmiş olduğu gibi, yeryüzünü miras almak, bu dünyada toprak sahibi olacağımız anlamına gelmez. Yumuşak huyluluğu yüreklerimizde yetiştirdiğimiz ölçüde göklerde yerimiz olacağı anlamına gelir. Göklerde yeterince büyük bir evimiz olacak ki yanımızda huzur bulanları davet edebilelim.

Ayrıca göklerde böylesine büyük bir yer sahip olmamız, oldukça saygın bir konumda olacağımız anlamını da taşır. Yeryüzünde büyük bir arazi sahibi olsak bile onu göklere götüremeyiz. Fakat yumuşak huyluluğu yetiştirerek göklerde sahip olacağımız yer, sonsuza dek yitip gitmeyecek mirasımız olacaktır. Rab ve sevdiklerimizle beraber bize ait olan yerde ebedi mutluluğun tadını çıkaracağız.

Bu sebeple gayretle yumuşak huyluluğun meyvesini vermek üzere yüreğinizin tarlasını sürmenizi umut ediyorum ki tıpkı Musa gibi göksel egemenlikte büyük bir yeri miras edinin.

1. Korintliler 9:25

"Yarışa katılan herkes kendini her yönden denetler. Böyleleri bunu çürüyüp gidecek bir defne tacı kazanmak için yaparlar. Bizse hiç çürümeyecek bir taç için yapıyoruz."

10. Bölüm

Özdenetim

Yaşamın her alanında özdenetime ihtiyaç vardır
Özdenetim, Tanrı'nın çocukları için temeldir
Özdenetim, Kutsal Ruh'un meyvelerini mükemmelleştirir
Özdenetimin meyvesinin verildiğinin kanıtı
Özdenetimin meyvesini vermeyi istiyorsanız

Özdenetim

Maraton, 42.195 km'lik (26 mil ve 385 yarda) bir yarıştır. Koşucuların bitiş çizgisine ulaşmaları için hızlarını iyi yönetmeleri gerekir. Hızla biten kısa mesafeli bir yarış olmadığından gelişigüzel tüm hızlarını tüketmemelidirler. Tüm yarış boyunca çok istikrarlı bir seyir izlemelidirler ve doğru noktaya ulaştıklarında enerjilerinin son hamlesini var güçleriyle ortaya koyabilirler.

Aynı ilke hayatlarımıza da uygulanabilir. İman yarışımızda son ana kadar istikrarlı olmalı ve zafer kazanmak için kendimizle verdiğimiz mücadeleyi kazanmalıyız. Dahası göksel egemenlikte göksel taçlar almak isteyenler, her şeyde özdenetim sahibi olmalılardır.

Yaşamın her alanında özdenetime ihtiyaç vardır

Bu dünyada özdenetim sahibi olmayanların hayatlarını karmaşık hale soktuğunu ve kendilerine zorluk çıkardığını görebiliriz. Örneğin ebeveynler tek çocukları diye oğullarına aşırı sevgi gösterirlerse muhtemelen çocukları şımarık olur. Ayrıca ailelerine bakmak ve onlarla ilgilenmek zorunda olduklarını bilmelerine rağmen kumara ya da diğer zevk veren şeylere bağımlı olanlar ailelerini mahvederler çünkü kendilerini kontrol edemezler. "Bu son! Bir daha yapmayacağım" derler ama o 'son' tekrarlanır durur.

Üç Krallığın Hikâyesi adlı ünlü tarihi Çin romanında Zhang Fee, merhamet ve yiğitlikle doludur, ama fevri ve kavgacıdır. Onunla kardeşlik yemini eden Liu Bei ve Guan Yu, Zhang Fee'nin her an hata yapacağı kaygısını taşırlar. Zhang Fei, verilen onca öğüde rağmen karakterini değiştiremez. Sonunda fevri karakteri yüzünden başına bela gelir. Beklentilerini karşılamayan iki adamını döver ve kamçılatır ve haksız yere cezalandırıldıklarını düşünen o iki adam Zhang Fei'ye kin tutar, onu öldürür ve düşman karargâhına gidip teslim olurlar.

Tıpkı bu şekilde öfkelerini kontrol edemeyen insanlar, evde ya da işyerinde pek çok insanın duygularını incitirler. Kendileriyle onlar arasında düşmanlık yaratmak onlar için çok kolaydır ve bu yüzden gönenç içinde yaşamlar sürmeleri olası değildir. Fakat akıllı insanlar, öfke yaratan durumlarda dahi suçu üstlenir ve diğerlerine katlanırlar. Diğerleri büyük hatalar yapsa bile öfkelerine hâkim olur ve huzur veren sözlerle onların yüreklerini yumuşatırlar. Böylesi eylemler, pek çok insanın yüreğini kazanmakta ve onların yaşamlarının gelişmesini sağlamakta akıllıca olan eylemlerdir.

Özdenetim, Tanrı'nın çocukları için temeldir

Günahları söküp atmak için biz Tanrı'nın çocukları için en

temel olan şey özdenetimdir. Ne kadar az özdenetime sahipsek, günahları söküp atmakta o kadar zorluk hissederiz. Tanrı'nın Sözünü dinlediğimizde ve O'nun lütufunu aldığımızda kendimizi değiştirmeyi aklıma koyarız, ama tekrar dünyayla akıllarımız çelinebilir.

Bunu dudaklarımızdan dökülen sözlerde görebiliriz. Pek çok insan dudaklarını kutsal ve yetkin kılmak için dua eder. Fakat dua ettikleri şeyleri unutur ve eski alışkanları ardınca diledikleri gibi konuşurlar. Düşündüklerine ya da inandıklarına ters olduğu için anlamalarının zor olduğu bir şeyi gördüklerinde, bazıları bununla ilgili hemen homurdanır ve yakınır.

Yakındıktan sonra pişman olabilirler, ama duyguları kızıştığı zaman kendilerine hâkim olamazlar. Ayrıca bazı insanlar konuşmayı o kadar severler ki, bir başladıklarında kendilerini durduramazlar. Gerçekle gerçeğe karşı olan sözleri, söylemeleri ve söylememeleri gereken şeyleri ayıramadıklarından pek çok hata yaparlar.

Sözlerimizi kontrol etme açısından özdenetimin ne kadar önemli olduğunu anlayabiliriz.

Özdenetim, Kutsal Ruh'un meyvelerini mükemmelleştirir

Kutsal Ruh'un meyvelerinden biri olarak özdenetim, en basitiyle günah işlememek için kendimize hâkim olmamız gerektiğini ifade etmez. Kutsal Ruh'un meyvelerinden biri olarak özdenetim, Kutsal Ruh'un diğer meyvelerini de kontrol eder ki yetkin olsunlar. Bu sebeple, Kutsal Ruh'un ilk meyvesi sevgi ve sonuncusu da özdenetimdir. Özdenetim, diğer meyvelere nazaran daha az göze batar, ama çok önemlidir. Her şeyi kontrol eder ki kararlılık, düzen ve sağlamlık olsun. Tüm diğer meyveler özdenetim yoluyla mükemmelleştiğinden Ruh'un meyveleri arasında en son adı geçen odur.

Örneğin sevincin meyvesine sahip olsak bile her daim her yerde onu gösteremeyiz. İnsanların yas tuttuğu bir cenazede yüzünüzde büyük bir tebessüm varsa sizin için ne düşünürler? Sevincin meyvesini verdiğiniz için güler yüzlü olduğunuzu söylemezler. Kurtuluşu almanın sevinci çok büyük olsa da koşullara uygun şekilde onu kontrol etmeliyiz. Bu şekilde onu, Kutsal Ruh'un gerçek bir meyvesi kılabiliriz.

Tanrı'ya sadık olurken özdenetime sahip olmamız ayrıca önemlidir. Özellikle çok fazla görevleriniz varsa zamanınızı doğru bir şekilde ayırmalısınız ki en uygun zamanda olmanız gereken yerde olabilesiniz. Bir toplantı çok hoş sohbet gidiyor olsa bile sonlandırılması gerektiği yerde sonlandırmalısınız. Aynı şekilde Tanrı'nın bütün evinde sadık olmak için özdenetimin meyvesini vermek zorundayız.

Aynısı sevgi, merhamet ve iyilik gibi Kutsal Ruh'un tüm meyveleri için geçerlidir. Yüreğin verdiği meyveler eylemlerle ortaya konduğundan onu en uygun kılmak için Kutsal Ruh'un rehberliğini ve sesini dinlemeliyiz. Önce ve sonra yapılması gereken işleri ön planda tutabiliriz. İleri mi, yoksa geri mi gitmemiz gerektiğine karar verebiliriz. Özdenetimin meyvesi vesilesiyle bu tarz bir ayrımı yapabiliriz.

Bir kişinin Kutsal Ruh'un meyvelerinin hepsini tamamıyla vermesi, her şeyde Kutsal Ruh'un arzuları ardınca gittiği anlamına gelir. Kutsal Ruh'un arzularını izlemek ve yetkin davranmak için özdenetimin meyvesine sahip olmalıyız. İşte bu yüzden Kutsal Ruh'un tüm meyvelerinin sonuncu olan özdenetim acılığıyla tamamlandığını söyleriz.

Özdenetimin meyvesinin verildiğinin kanıtı

Yürekte verilen Kutsal Ruh'un tüm meyveleri dıştan ortaya konduğunda özdenetimin meyvesi, ahenk ve düzen getiren bir çözüm merkezi gibi olur. Rab'de iyi bir şey alsak dahi, alabileceğimiz kadarını almak her zaman iyi değildir. Fazlanın az olandan daha kötü olduğunu söyleriz. Ruhta da Kutsal Ruh'un arzuları ardınca her şeyi ölçülü yapmalıyız.

Özdenetimin meyvesinin nasıl gösterildiğini size detaylıca açıklayayım.

İlk olarak, her şeyde hiyerarşik düzeni izlemeliyiz. Düzen içindeki konumumuzu anlayarak ne zaman hareket edip etmeyeceğimizi ve hangi sözleri sarf edip etmeyeceğimizi anlarız. O zaman hiçbir anlaşmazlık, çekişme ya da yanlış anlamalar olmaz. Ayrıca uygunsuz ya da konumumuzun dışında kalan şeyleri yapmayız. Örneğin bir misyon grubu önderinin idareciden belli bir işi yapmasını istediğini farz edin. Bu idareci istekle doludur ve daha iyi bir fikri olduğu düşüncesiyle kendi kafasına göre değişikliklere gider ve işi o şekilde yapar. Böyle bir durumda tutkuyla o işi yapmış olsa bile özdenetim eksikliği yüzünden değişikliklere giderek düzeni korumamıştır.

Başkan, idareci, sekreter ya da muhasebeci gibi kilisenin misyon gruplarındaki farklı konumlarımıza uygun şekilde düzeni talip ettiğimiz zaman Tanrı bizleri oldukça önemser. Önderlerimizin bizden farklı şekilde işleri yapma yöntemleri olabilir. Bu durumda bizim yöntemlerimiz çok daha iyi ve çok daha bol meyve verecek gibi görünse de, düzen ve esenlik bozulursa hiçbir meyve veremeyiz. Şeytan, esenlik bozulduğunda her zaman müdahale eder ve Tanrı'nın işi engellenir. Belli bir şey tamamıyla gerçeğe aykırı olmadığı sürece tüm grubu düşünmeli ve her şey güzelce olsun diye düzene göre itaat edip esenliğin ardınca gitmeliyiz.

İkinci olarak, iyi bir şey yaptığımız zaman içerdiklerini,

zamanlamasını ve yerini dikkate almalıyız.

Örneğin duada yakarmak iyi bir şeydir, ama kafanıza göre rastgele bir yerde yakarmanız Tanrı'ya itibarsızlık etmek olabilir. Ayrıca müjdeyi duyurduğunuzda ya da ruhani rehberlik etmek için üyeleri ziyaret ettiğinizde sarf ettiğiniz sözleri tartmalısınız. Bazı derin ruhsal şeyleri anlamanıza rağmen gidip onları herkese duyuramazsınız. Dinleyicinin imanın ölçüsüne uygun olmayan bir şeyi duyurmanız, daha sonra o kişinin sendelemesine ya da yargılayıp suçlamasına neden olabilir.

Bazı durumlarda kişi tanıklık edebilir ya da başka şeylerle meşgul insanlara ruhsal bakımdan anladığı şeyleri iletebilir. İçeriği çok iyi olsa da, uygun koşullar altında iletilmediği sürece başkalarının gerçekten de ruhani açıdan gelişmesini sağlayamaz. Onu dinleyenler her ne kadar kendisine kabalık etmiyor olsa da, meşgul ya da gergin oldukları için söylediklerine dikkat etmezler. Size bir örnek daha vereyim. Bir bölgenin tüm cemaati ya da belli grup insan istişarede bulunmak için benimle bir araya geldiğinde içlerinden biri sürekli tanıklıkları hakkında konuşsa, o toplantının hali ne olur? Lütuf ve Ruh ile dolu olduğundan o kişi Tanrı'yı yüceltmektedir. Fakat sonuç olarak bu kişi, tüm gruba ayrılan süreyi kişisel olarak kullanmaktadır. Bunun nedeni özdenetim eksikliğidir. Çok iyi bir şey yapıyor olsanız bile tüm vaziyeti değerlendirmeli ve özdenetime sahip olmalısınız.

Üçüncü olarak, Sabırsız ya da aceleci değil ama sakin olmalıyız ki her duruma muhakeme yeteneğiyle tepki gösterebilelim.

Özdenetimi olmayanlar sabırsız ve başkalarına karşı düşüncesizdir. Acele ettikçe muhakeme yetenekleri azalır ve bazı önemli şeyleri kaçırabilirler. Aceleyle yargılayıp suçlamaları, başkalarının arasında rahatsızlık yaratır. Başkalarını dinlemekte ya da yanıtlamakta sabırsız olanlar pek çok hata yaparlar. Ayrıca bir başkası konuştuğu zaman sabırsızca onu kesmemeliyiz. Düşüncesiz sonuçlardan kaçınmak için sonuna kadar dikkatlice dinlemeliyiz. Bu şekilde o kişinin niyetini anlayabilir ve ona uygun tepki verebiliriz.

Kutsal Ruh'u almadan önce Petrus'un sabırsız ve dışa dönük bir karakteri vardır. İsa'nın önünde kendisini kontrol etmek yoğun çaba gösteriyordu. Ama buna rağmen karakteri kendini ele veriyordu. İsa, çarmıha gerilmeden önce Petrus'un kendisini inkâr edeceğini söyledi, ama Petrus, Rab'bi asla inkâr etmeyeceğini söyleyerek İsa'nın sözlerine karşı çıktı.

Eğer Petrus'ta özdenetimin meyvesi olsaydı, İsa'ya katılmamak yerine, doğru bir yanıt bulmaya çalışırdı. İsa'nın Tanrı Oğlu olduğunu ve asla anlamsız şeyler söylemeyeceğini bildiğinden, O'nun sözlerini aklında tutardı. Ayrıca böyle bir şeyin olmaması için yeterince dikkatli olmalıydı. Düzgün tepki vermemizi sağlayan düzgün bir muhakeme özdenetimin eseridir.

Yahudiler kendileriyle gurur duyuyorlardı. Yasa'yı sıkı sıkı tuttukları için kendileriyle o kadar gurur duyuyorlardı. Siyasi ve dini önderler olan Ferisilerle Sadukileri azarladığından, İsa'ya karşı hoş duygular beslemiyorlardı. Özellikle İsa'nın, Tanrı'nın Oğlu olduğu söylemini küfür addettiler. Çardak Bayramı yaklaşıyordu. Hasat zamanı Mısır'dan çıkışlarını hatırlamak için çardaklar dizer ve Tanrı'ya şükürlerini sunarlardı. İnsanlar, bayramı kutlamak için genellikle Yeruşalim'e giderdi.

Bayramın yaklaşmasına rağmen İsa Yeruşalim'e gitmediğinden kardeşleri gitmesini, mucizeler ortaya koymasını ve insanların desteğini alması için Kendisini göstermesini söylediler (Yuhanna 7:3-5). Şöyle dediler: "Çünkü kendini açıkça tanıtmak isteyen bir kimse yaptıklarını gizlemez" (a. 4). Tanrı'nın isteğine uygun olmayan bir şey makul görünse bile Tanrı'yla bir alakası yoktur. Kendi düşünceleri yüzünden İsa'nın kardeşleri bile O'nun zamanını beklemesinin doğru olmadığını düşündüler.

Eğer İsa'nın özdenetimi olmasaydı, Kendini göstermek için derhal Yeruşalim'e giderdi. Fakat kardeşlerinin sözlerinin etkisi altında kalmadı, Tanrı'nın takdiri ilahisiyle Kendisini göstereceği uygun zamanı bekledi. Ve kardeşleri gittikten sonra kendisi de gizlice Yeruşalim'e gitti. Ne zaman gideceğini ve ne zaman kalacağını bilerek, Tanrı'nın istemine göre hareket etti.

Özdenetimin meyvesini vermeyi istiyorsanız

Çoğu zaman konuştuğumuz insanların sözleriyle iç yürekleri farklıdır. Bazıları kendi hatalarının üstünü örtmek için başkalarının hatalarını ifşa ederler. Bir başkasının ricasıymış gibi bir şeyi kendi açgözlülüklerini dindirmek için isteyebilirler. Tanrı'nın isteğini anlamak için bir soruyu yöneltir görünürler, ama aslında istedikleri yanıtı almaya çalışıyorlardır. Fakat eğer sakince onlarla konuşursanız, yüreklerinin sonunda ifşa olduğunu görebilirsiniz.

Özdenetim sahibi olanlar kolayca başkalarının sözleriyle sarsılmazlar. Kutsal Ruh'un işleriyle onları sessizce dinleyebilir ve gerçeğin muhakemesini yapabilirler. Eğer özdenetimle muhakeme edip yanıt verirlerse, yanlış kararlar neticesinde olabilecek pek çok hatayı aşağı çekebilirler. Bu oranda sözlerinin yetkinliği ve ağırlığı olur ve böylece sözlerinin diğerlerinin üzerinde daha ağır etkisi olur. Öyleyse özdenetimin bu önemli meyvesini nasıl verebiliriz?

İlk olarak, değişmeyen yüreklere sahip olmalıyız.

İçinde hiçbir yalanın ve hinliğin olmadığı gerçeğe ait yürekler yetiştirmeliyiz. O zaman yapmaya karar verdiğimiz şeyi yapacak güce sahip olabiliriz. Hiç kuşkusuz böylesi bir yüreği bir gecede yetiştiremeyiz. En ufak şeylerde yüreğimizi muhafaza etmeye başlayarak kendimizi eğitmeye devam etmeliyiz.

Bir ısta ve çırakları vardı. Bir gün bir pazardan geçiyorlardı ve pazardaki bazı tüccarlar onları yanlış anlayıp tartışmaya tutuştu. Öğrenciler öfkeyle kavgaya tutuşmuşlardı ama ustaları sakindi. Pazardan döndükten sonra bir deste mektup çıkardı. Sebepsiz yere kendisini eleştiren mektupları öğrencilerine gösterdi.

Sonra şöyle dedi: "Yanlış anlaşılmaktan kaçamam. Ama insanlarca yanlış anlaşılmayı umursamıyorum. Bana gelen ilk çamurdan kaçamam, ama ikincisini yememek için yinede aptallıktan kaçınabilirim."

Burada ilk çamur, insanların dedikodu konusu olmaktır. İkincisi ise dedikodular yüzünden rahatsız edici hisler duyup tartışmaya ve kavgaya girmektir.

Eğer bu ustanın yüreğine sahip olabilirsek, hiçbir koşulda sarsılmayız. Aksine yüreklerimizi koruruz ve yaşamlarımız esenlik içinde olur. Yüreklerini koruyabilenler her şeyde kendilerini kontrol edebilirler. Nefret, çekememezlik ve kıskançlık gibi her türlü kötülüğü söküp attığımız ölçüde Tanrı'nın güvenini kazanır ve O'nun tarafından seviliriz.

Anne ve babamın, çocukken bana öğrettiği şeyler rahiplik işimde bana büyük ölçüde yardım etti. Uygun konuşma, yürüyüş, davranış ve görgü kuralları bana öğretilirken yüreğimi korumayı ve kendimi kontrol etmeyi öğrendim. Bir kez karar verirsek onu tutmalı ve çıkarlarımız peşinde değiştirmemeliyiz. Bu gibi çabaları biriktirdikçe sonunda değişmeyen bir yüreğe sahip olacak ve özdenetim gücünü elde edeceğiz.

İkinci olarak, kendi fikrimizi ilk dikkate almayarak, Kutsal Ruh'un arzularını dinlemek üzere kendimizi eğitmeliyiz. Tanrı'nın Sözünü öğrendiğimiz ölçüde Öğrendiğimiz Sözün vesilesiyle Kutsal Ruh sesini duymamızı sağlar. Haksızca suçlansak bile Kutsal Ruh, bağışlamamızı ve sevmemizi söyler. O zaman şöyle düşünebiliriz: "Bu kişinin yaptığı şeyi yapmasının bir nedeni olmalı. Dostane bir tavırla onunla tartışarak yanlış anlamasını gidereceğim." Fakat eğer yüreğimizde gerçeğe ait olmayan şeyler fazlaysa Şeytan'ın sesini duyarız: "Onu bırakırsam bana tepeden bakmaya devam edecek. Ona dersini vermeliyim." Kutsal Ruh'un sesini duyuyor olsak bile kaçıracağız çünkü kötü düşüncelerin yoğunluğuna kıyasla cılız kalır.

Bu sebeple, yüreklerimizde mevcut gerçeğe ait olmayan şeyleri gayretle söküp attığımızda ve Tanrı'nın Sözünü yüreklerimizde tuttuğumuzda Kutsal Ruh'un sesini duyabiliriz. Ruh'un cılız sesine rağmen itaat ettiğimiz sürece Kutsal Ruh'un sesini giderek daha fazla duyacağız. Düşündüğümüzün ivediliğinden ya da iyiliğinden ziyade önce Kutsal Ruh'un sesini duymaya çalışmalıyız. O'nun sesini ve çağrısını duydukça itaat etmeli ve uygulamaya koymalıyız. Her daim Kutsal Ruh'un arzularına dikkat ve itaat etmek üzere kendimizi eğittiğimizde, Kutsal Ruh'un çok cılız sesini bile duyabileceğiz. O zaman her şeyde uyumlu olacağız.

Bir bakıma özdenetim, Kutsal Ruh'un dokuz meyvesi içersinde en az öneme sahip olan gibi görülebilir. Fakat tüm meyveler için gereklidir. Kutsal Ruh'un sevgi, sevinç, esenlik, sabır, şefkat, iyilik, bağlılık ve yumuşak huyluluk olan sekiz meyvesini kontrol eden özdenetimdir. Dahası diğer sekiz meyve ancak özdenetimin meyvesiyle tamamlanır ve bu sebeple son meyve olan özdenetim önemlidir.

Kutsal Ruh'un her bir meyvesi, yeryüzündeki tüm değerli taşlardan daha kıymetli ve güzeldir. Kutsal Ruh'un meyvelerini verdiğimiz takdirde dualarımızda dilediklerimizin yanıtını alabilir ve her şeyde gönenç içinde olabiliriz. Ayrıca bu dünyada Işığın güç ve yetkinliğini ortaya koyarak Tanrı'nın gücünü gösterebiliriz. Bu dünyanın tüm hazinelerinden daha fazla Kutsal Ruh'un meyvelerine özlem duymanızı ve onlara sahip olmanızı umut ediyorum.

Galatyalılar 5:22-23

"Ruh'un ürünüyse sevgi,

sevinç, esenlik, sabır, şefkat, iyilik,

bağlılık, yumuşak huyluluk ve özdenetimdir.

Bu tür nitelikleri yasaklayan yasa yoktur."

11. Bölüm

Bu tür nitelikleri yasaklayan yasa yoktur

Özgür olmaya çağrıldınız
Ruh'la yürüyün
Dokuz meyvenin ilki sevgidir
Bu tür nitelikleri yasaklayan yasa yoktur

Bu tür nitelikleri yasaklayan yasa yoktur

Elçi Pavlus, Yahudilerin Yahudisiydi ve Şam'a Hristiyanları tutuklamak için gidiyordu. Fakat yolda giderken Rab'le karşılaştı ve tövbe etti. O vakitler İsa Mesih'e imanla bir kişinin kurtulacağını öğreten müjde gerçeğini anlayamamıştı, ama Kutsal Ruh armağanını aldıktan sonra Kutsal Ruh'un rehberliğiyle öteki uluslardan insanları Hristiyanlığa yöneltmeye başladı.

Kutsal Ruh'un dokuz meyvesi; mektuplarından biri olan Galatyalılar 5. Bölümde geçmektedir. O devrin durumunu anlarsak, Pavlus'un Galatyalılar'ı neden yazdığını ve Ruh'un meyvesini vermenin Hristiyanlar için ne kadar önemli olduğunu anlayabiliriz.

Özgür olmaya çağrıldınız

İlk misyon seyahatinde, Pavlus Galatya'ya gitti. Havrada Musa'nın Yasasını ya da sünneti değil, ama sadece İsa Mesih'in müjdesini duyurdu. Sözlerini, akabinde gelen belirtiler tasdik etti ve pek çok insan kurtuluş yoluna girdi. Galatya kilisesindeki inanlılar onu öylesine çok sevdi ki, ellerinden gelse gözlerini oyar Pavlus'a verirlerdi.

Misyon seyahatini bitirdikten ve Antakya'ya geri döndükten sonra kilisede bir sorun çıktı. Yahudiye'den gelen bazı adamlar Musa'nın töresi uyarınca sünnet olmadıkları takdirde öteki uluslardan kişilerin kurtulamayacağını öğretiyorlardı. Pavlus'la Barnaba bu adamlarla bir hayli çekişip tartıştılar.

Sonunda Pavlus'la Barnaba'nın, başka birkaç kardeşle birlikte Yeruşalim'e gidip bu sorunu elçiler ve ihtiyarlarla görüşmesi kararlaştırıldı. Gerek Antakya gerekse Galatya kiliselerinde öteki uluslardan kişilere müjdeyi duyururken Musa'nın Yasası ile ilgili bir karara varma ihtiyacını duydular.

Elçilerin İşleri 15. Bölüm, Yeruşalim'deki inanlılar topluluğunun öncesini ve sonrası betimler. Ve bu bölümden o zamanlar durumun ne kadar ciddi olduğunu anlayabiliriz. İsa'nın öğrencileri olan elçiler, ihtiyarlar ve kilisenin önde gelenleri bir araya toplanmış, hararetli bir tartışma içersindeydiler. Sonunda onların, putlara sunulup murdar hale gelen etlerden, fuhuştan, boğularak öldürülen hayvanların etinden ve kanından sakınmaları gerektiği sonucuna vardılar.

Antakya ili öteki uluslardan kişilerin Hristiyanlığa döndürülme merkezi olduğundan, konseyin sonucuyla ilgili resmi bir mektubu Antakya'ya iletmesi için adamlar gönderdiler. Öteki uluslardan insanlara Musa'nın Yasasını tutma konusunda biraz özgürlük tanıdılar çünkü onların tıpkı Yahudiler gibi Yasayı tutmaları çok zor olacaktı. Böylece öteki uluslardan insanlar İsa Mesih'e iman ederek kurtuluşu alabileceklerdi.

Elçilerin İşleri 15:28-29 ayetleri şöyle der: "Kutsal Ruh ve bizler, gerekli olan şu kuralların dışında size herhangi bir şey yüklememeyi uygun gördük: Putlara sunulan kurbanların etinden, kandan, boğularak öldürülen hayvanların etinden ve fuhuştan sakınmalısınız. Bunlardan kaçınırsanız, iyi edersiniz. Esen kalın."

Yeruşalim Konseyinin sonucu tüm kiliselere dağıtıldı. Fakat müjdenin gerçeğini ve çarmıhın yolunu anlamayanlar, inanlıların Musa'nın Yasasını tutmaları gerektiğini öğretmeye devam etti. Bazı sahte peygamberler kiliselere girdi ve Yasayı öğretmeyen elçi Pavlus'u eleştirerek inanlıları kışkırttı.

Galatya kilisesinde meydana gelen bu durum karşısında, elçi Pavlus bir mektup yazarak Hristiyanların gerçek özgürlüğü hakkında bilgi verdi. Musa'nın Yasasını sıkı sıkıya tuttuğunu ama Rab'le karşılaştıktan sonra öteki ulusların elçisi olduğunu söyleyerek, onlara müjdenin gerçeğini şöyle anlattı: "Sizden yalnız şunu öğrenmek istiyorum: Kutsal Ruh'u, Yasa'nın gereklerini yaparak mı, yoksa duyduklarınıza iman ederek mi aldınız? Bu kadar akılsız mısınız? Ruh'la başladıktan sonra şimdi insan çabasıyla mı bitirmeye çalışıyorsunuz? Boş yere mi bu kadar acı çektiniz? Gerçekten boşuna mıydı? Size Kutsal Ruh'u veren ve aranızda mucizeler yaratan Tanrı, bunu Yasa'nın gereklerini yaptığınız için mi, yoksa duyduklarınıza iman ettiğiniz için mi yapıyor?" (Galatyalılar 3:2-5)

Tanrı'dan bir vahiy olduğundan öğretmekte olduğu İsa Mesih'in müjdesinin gerçek olduğunu belirtti. Ve öteki uluslardan insanların bedeni sünnet yapmaya ihtiyaçları olmadığını çünkü yüreğin sünnetini yapmanın önemli olduğunu anlattı. Ayrıca onlara benlikle Kutsal Ruh'un arzularıyla benliğin işlerini ve Kutsal Ruh'un meyvelerini öğretti. Bunların hepsi, müjdenin gerçeğiyle kazandıkları özgürlüğü nasıl kullanmaları gerektiğiyle ilgiliydi.

Ruh'la yürüyün

Öyleyse Tanrı'nın Musa'nın Yasasını vermesinin nedeni nedir? Çünkü insanlar kötüydü ve günahın günah olduğunu anlamıyorlardı. Tanrı, onların günahı anlamasını, günahla ilgili sorunlarını çözmesini ve Tanrı'nın doğruluğuna erişmesini istedi. Fakat günah sorunu, Yasa'nın eylemlerini yerine getirerek çözülemiyordu. Bu sebeple Tanrı, İsa Mesih'e iman yoluyla insanların Tanrı'nın doğruluğuna erişmelerini sağladı. Galatyalılar

3:13-14 ayetleri şöyle söyler: "İbrahim'e sağlanan kutsama Mesih İsa aracılığıyla uluslara sağlansın ve bizler vaat edilen Ruh'u imanla alalım diye, Mesih bizim için lanetlenerek bizi Yasa'nın lanetinden kurtardı. Çünkü, 'Ağaç üzerine asılan herkes lanetlidir' diye yazılmıştır."
Fakat bu, Yasa'nın feshedildiği anlamına gelmez. İsa, Matta 5:17 ayetinde şöyle demiştir: "Kutsal Yasa'yı ya da peygamberlerin sözlerini geçersiz kılmak için geldiğimi sanmayın. Ben geçersiz kılmaya değil, tamamlamaya geldim." Ve sonra gelen 20. ayette de şöyle demiştir: "Size şunu söyleyeyim: Doğruluğunuz din bilginleriyle Ferisiler'inkini aşmadıkça, Göklerin Egemenliği'ne asla giremezsiniz!"
Elçi Pavlus, Galatya kilisesi inanlılarına şöyle seslenmiştir: "Çocuklarım! Mesih sizde biçimleninceye dek sizin için yine doğum ağrısı çekiyorum" (Galatyalılar 4:19). Ve sonuç olarak onlara şu öğütte bulunmuştur: "Kardeşler, siz özgür olmaya çağrıldınız. Ancak özgürlük benlik için fırsat olmasın. Birbirinize sevgiyle hizmet edin. Bütün Kutsal Yasa tek bir sözde özetlenmiştir: 'Komşunu kendin gibi seveceksin.' Ama birbirinizi ısırıp yiyorsanız, dikkat edin, birbirinizi yok etmeyesiniz!" (Galatyalılar 5:13-15)

Kutsal Ruh'u alan Tanrı'nın çocukları olarak, Mesih içimizde biçimleninceye dek sevgiyle birbirimize hizmet etmek için ne yapmalıyız? Kutsal Ruh'la yürümeliyiz ki benliğin arzularını yapmayalım. Kutsal Ruh'un rehberliğiyle dokuz meyveyi verdiğimiz takdirde komşularımızı sevebilir ve Mesih'in biçimine içimizde kavuşabiliriz.

İsa Mesih masum olmasına rağmen Yasa'nın lanetini yüklendi

ve çarmıhta öldü. Ve O'nun sayesinde bizler özgürlüğümüze kavuştuk. Günahın köleleri olmamamız için Ruh'un meyvesini vermeliyiz.

Bu özgürlükle yeniden günah işler ve Rab'bi tekrardan çarmıha gerersek, Tanrı'nın egemenliğini miras alamayız. Öte yandan Ruh'la yürüyerek Ruh'un meyvesini verirsek, Tanrı bizleri korur ve böylece düşman iblis ve Şeytan, bize zarar veremez. Bununla da kalmaz, dualarımızda dilediklerimizin yanıtını alırız.

"Sevgili kardeşlerim, yüreğimiz bizi suçlamazsa, Tanrı'nın önünde cesaretimiz olur, O'ndan ne dilersek alırız. Çünkü O'nun buyruklarını yerine getiriyor, O'nu hoşnut eden şeyleri yapıyoruz. O'nun buyruğu Oğlu İsa Mesih'in adına inanmamız ve İsa'nın buyurduğu gibi birbirimizi sevmemizdir" (1. Yuhanna 3:21-23).

"Tanrı'dan doğmuş olanın günah işlemediğini biliriz. Tanrı'dan doğmuş olan İsa Mesih onu korur ve kötü olan ona dokunamaz" (1. Yuhanna 5:18).

Ruh'la yürüyecek imana ve sevgiyle iş gören imana sahip olduğumuz zaman Hristiyanlar olarak Ruh'un meyvesini verebilir ve gerçek özgürlüğün tadını çıkarabiliriz.

Dokuz meyvenin ilki sevgidir

Dokuz meyvenin ilki sevgidir. 1. Korintliler 13'de geçen sevgi, ruhani sevgiyi yetiştirecek sevgiyken, Kutsal Ruh'un dokuz meyvesinden biri olan sevgi daha üstündür. Bu, Yasa'yı tamamlayan sınırsız ve sonsuz sevgidir. Tanrı'nın ve İsa Mesih'in sevgisidir. Eğer bu sevgiye sahipsek, Kutsal Ruh'un yardımıyla kendimizi tamamen feda edebiliriz.

Bu sevgiyi yetiştirdiğimiz ölçüde sevincin meyvesini verebiliriz. Böylece her koşul altında sevinebilir ve hoşnut olabiliriz. Bu şekilde kimseyle sorunumuz olmadığından, esenliğin meyvesini verebiliriz.

Tanrı'yla, kendimizle ve herkesle esenlik içinde oldukça, doğal olarak sabrın meyvesini veririz. Tanrı'nın istediği sabır; içimizde iyilik ve gerçek tamamıyla mevcut olduğundan hiçbir şeye katlanmak zorunda hissetmeyeceğimiz sabırdır. Gerçek sevgiye sahipsek, hiçbir kötü his beslemeden her türlü insanı anlayabilir ve kabullenebiliriz. Bu sebeple de bağışlamak ve yüreğimizde katlanmak zorunda kalmayız.

Başkalarına iyilik içinde sabır gösterdiğimizde şefkatin meyvesini veririz. Eğer iyilik içinde gerçekten anlamadığımız insanlara bile sabırlı olursak, onlara şefkat gösterebiliriz. Hatta normların tamamen dışında şeyler yapıyor olsalar bile onların durduğu yeri anlar ve kabulleniriz.

Şefkatin meyvesini verenlerde iyilikte olur. Başkalarının kendilerinden daha iyi olduğunu düşünür ve kendilerinin gibi onların çıkarlarını da gözetirler. Kimseyle tartışmaz ve seslerini yükseltmezler. Ezilmiş kamışı ezmeyen ve tüten fitili söndürmeyen Rab'bin yüreğine sahip olurlar. Eğer iyiliğin bu meyvesini verirseniz kendi fikirlerinizde ısrarcı olmazsınız. Tanrı'nın bütün evinde sadık ve yumuşak huylu olursunuz.

Yumuşak huylu olanlar, kimseye ayak bağı olmaz, herkesle esenlik içinde olurlar. Cömert bir yürekleri olduğundan yargılayıp suçlamaz, ama sadece onları anlar ve kabullenirler.

Sevginin, sevincin, esenliğin, sabrın, şefkatin, iyiliğin, bağlılığın ve yumuşak huyluluğun meyvelerini ahenk içinde vermek için özdenetime gerek vardır. Tanrı'nın bolluğu iyidir, ama Tanrı'nın işleri bir düzen içinde işler. İyi bir şey olsa dahi bir şeyi abartarak yapmamak için özdenetime ihtiyacımız vardır. Bu şekilde Kutsal Ruh'un arzusu ardınca gidersek, Tanrı, iyilikle her şeyin yolunda gitmesini sağlar.

Bu tür nitelikleri yasaklayan yasa yoktur

Yardımcı Kutsal Ruh, Tanrı'nın çocuklarını gerçeğe yönlendirir ki gerçek özgürlüğün ve mutluluğun tadını çıkarabilsinler. Gerçek özgürlük, Tanrı'ya hizmet etmekten ve mutlu bir yaşam sürdürmekten bizi alıkoymaya çalışan Şeytan'ın gücünden ve günahlardan özgürlüktür. Ayrıca Tanrı'yla paydaşlıkla elde edilen mutluluktur.

Romalılar 8:2 ayeti şöyle der: "Çünkü yaşam veren Ruh'un yasası, Mesih İsa sayesinde beni günahın ve ölümün yasasından özgür kıldı." Bu, ancak yürekten İsa Mesih'e inandığımızda ve Işıkta yürüdüğümüzde elde edeceğimiz özgürlüktür. Bu özgürlük insan gücüyle elde edilmez. Tanrı'nın lütufu olmadan asla kazanılmaz ve imanımızı tuttuğumuz sürece sürekli tadına varacağımız bir kutsamadır.

İsa ayrıca Yuhanna 8:32 ayetinde şöyle demiştir: "Gerçeği bileceksiniz ve gerçek sizi özgür kılacak." Özgürlük gerçektir ve değişmez. Bizim için yaşam olur ve bizleri sonsuz yaşama yönlendirir. Yitip giden ve değişen bu dünyada hiçbir gerçek yoktur. Tek gerçek değişmeyen Tanrı Sözü'dür. Gerçeği bilmek, Tanrı'nın Sözünü öğrenmek, akılda tutmak ve uygulamaktır.

Fakat gerçeği tatbik etmek her zaman kolay olmayabilir. İnsanların, Tanrı'yı bilmeden evvel edindikleri gerçeğe ait olmayan şeyler vardır ve bu tür şeyler onları gerçeği tatbik etmekten alıkoyar. Gerçeğe ait olmayan şeylerin ardınca gitmeyi arzulayan benliğin yasasıyla gerçeğin ardınca gitmeyi arzulayan yaşamın ruhunun yasası birbirleriyle savaşırlar (Galatyalılar 5:17). Bu, gerçeğin özgürlüğünü kazanma savaşıdır. Bu savaş, imanımız sağlamlaşana ve asla sarsılmayan imanın kayasında bizler durana kadar sürer. Kayadan imanın üzerinde durduğumuzda iyi savaşı vermek kolaylaşır. Tüm kötülüğü söküp attığımızda ve kutsallaştığımızda gerçeğin özgürlüğünün tadına varabileceğiz. O zaman iyi savaşı vermek zorunda kalmayacağız çünkü her daim sadece gerçeği uyguluyor olacağız. Kutsal Ruh'un rehberliğinde Kutsal Ruh'un meyvelerini verirsek, gerçeğin özgürlüğüne sahip olmaktan kimse bizleri alıkoyamaz.

Bu sebeple Galatyalılar 5:18 ayeti şöyle der: "Ruh'un yönetimindeyseniz, Yasa'ya bağımlı değilsiniz." Ve sonra gelen 22 ve 23. ayetler ise şöyle der: "Ruh'un ürünüyse sevgi, sevinç, esenlik, sabır, şefkat, iyilik, bağlılık, yumuşak huyluluk ve özdenetimdir. Bu tür nitelikleri yasaklayan yasa yoktur."

Kutsal Ruh'un dokuz meyvesiyle ilgili mesaj, kutsamaların kapısını açan bir anahtar gibidir. Fakat sırf kutsamalarının kapısının anahtarına sahip olmamız kapıyı açmaya yetmez. Anahtarı anahtar deliğine sokmamız ve kilidi açmamız gerekir. Aynısı Tanrı'nın Sözü içinde geçerlidir. Ne kadar duyarsak duyalım henüz tamamen bizim olmaz. Tanrı'nın sözlerinin içerdiği kutsamaları ancak sözü uygulamaya koyduğumuzda alabiliriz.

Matta 7:21 ayeti şöyle der: "Bana, 'Ya Rab, ya Rab!' diye seslenen herkes Göklerin Egemenliği'ne girmeyecek. Ancak göklerdeki Babam'ın isteğini yerine getiren girecektir." Yakup 1:25 ayeti şöyle der: "Oysa mükemmel yasaya, özgürlük yasasına yakından bakıp ona bağlı kalan, unutkan dinleyici değil de etkin uygulayıcı olan kişi, yaptıklarıyla mutlu olacaktır."

Tanrı'nın sevgi ve kutsamalarını almamız için Kutsal Ruh'un meyvelerinin neler olduğunu bilmemiz, onları akıllarımızda tutmamız ve Tanrı'nın Sözünü uygulayarak onları gerçekten uygulamaya koymamız gerekir. Gerçeği tamamıyla tatbik ederek Kutsal Ruh'un meyvelerini tam verirsek, gerçekteki gerçek özgürlüğün tadını çıkarabileceğiz. Kutsal Ruh'un sesini net bir şekilde duyacak ve her yolumuzda yönlendirileceğiz ki, her açıdan gönenç içinde olalım. Gerek bu dünyada gerekse imanımızın son varış noktası olan Yeni Yeruşalim'de büyük bir şerefin tadını çıkarmanız için Rab'bin adıyla dua ediyorum.

Yazar:
Dr. Jaerock Lee

Dr. Jaerock Lee, 1943 yılında Kore Cumhuriyeti'nin Jeonnam eyaletine bağlı Muan'da doğdu. Yirmili yaşlarında yedi yıl süren ve tedavisi mümkün olmayan birçok hastalıktan çekti ve iyileşme umudu olmadan ölümü bekledi. Fakat 1947 yılının bir bahar gününde, kız kardeşi tarafından bir kiliseye götürüldü ve orada dizlerinin üzerine dua etmek için çöktüğü anda, Yaşayan Tanrı, O'nu tüm hastalıklarından bir anda iyileştirdi.

Dr. Lee, bu olağanüstü tecrübenin akabinde karşılaştığı Yaşayan Tanrı'yı o andan itibaren tüm kalbi ve samimiyetiyle sevdi ve 1978 yılında Tanrı'ya hizmet için göreve çağrıldı. Tanrı'nın isteğini tüm berraklığıyla anlayabilmek, bütünüyle yerine getirmek için kendini adayarak dua etti ve Tanrı'nın Sözüne itaat etti. 1982 senesinde Seul, Kore'de Manmin kilisesini kurdu ve bu kilisede mucizevî şifa, belirti ve harikalar gibi Tanrı'nın sayısız işleri meydana gelmektedir.

Dr. Lee, 1986 yılında Kore İsa'nın Sungkyul kilisesinin senelik toplantısında papazlığa atandı ve 1990 yılında vaazları Avustralya, Rusya ve Filipinlerde yayınlanmaya başladı; Uzakdoğu Radyo Yayın Şirketi, Asya Radyo İstasyonu ve Washington Hristiyan Radyo Sistem yayıncılık şirketleri vesilesiyle kısa zamanda pek çok ülkeye daha ulaşıldı.

1993 yılında Manmin Kilisesi Hristiyan Dünya dergisi (ABD) tarafından "Dünyanın önde gelen 50 Kilisesi"nden biri seçildi ve Dr. Lee, Florida, ABD'de bulunan Christian Faith Üniversitesi İlahiyat Fakültesinden fahri doktora derecesini aldı. 1996 yılında ise Iowa, ABD Kingsway Theological Seminary'de papazlık üzerine doktorasını yaptı.

1993 yılından beri Dr. Lee, Tanzanya, Arjantin, Los Angeles, Baltimore City, Hawaii ve ABD New York, Uganda, Japonya, Pakistan, Kenya, Filipinler, Honduras, Hindistan, Rusya, Almanya, Peru, Kongo Demokratik Cumhuriyeti, İsrail ve Estonya olmak üzere pek çok yurtdışı misyonerlik faaliyetiyle dünyaya İncil'in müjdesini duyurmaktadır.

2002 yılında, çeşitli yurtdışı misyon faaliyetlerindeki güçlü vaizliği için, Kore'nin önde gelen Hristiyan gazeteleri tarafından "Dünya Çapında Dirilişçi" kabul edilmiştir.

Özellikle öne çıkan, dünyanın en ünlü arenası olan Madison Square Garden'da 2006 yılında gerçekleştirilen New York Seferi'dir; etkinlik 220 ülkede yayınlanmıştır. 2009 yılında Kudüs Uluslararası Kongre Merkezi'nde gerçekleştirilen "Birleşmiş İsrail Seferi'nde", cesurca İsa'nın Mesih ve Kurtarıcı olduğunu ilan etmiştir.

GCN TV dâhil olmak üzere, uydular aracılığıyla vaazları 176 ülkede yayınlanmaktadır. Popüler Rus Hristiyan dergisi In Victory tarafından 2009 ve 2010 yıllarının en önde gelen 10 etkin Hristiyan önderlerinden biri, Christian Telegraph haber ajansı tarafından ise güçlü TV yayıncılığıyla vaaz ve yurtdışı kilise faaliyetleri için etkin bir önder seçilmiştir.

Mayıs 2016 tarihi itibarıyla Manmin Merkez Kilisesi'nin 120,000'den fazla cemaat üyesi bulunmaktadır. 56 yerel kilisesi dâhil olmak üzere dünya çapında 10,000 şube kilisesi bulunmaktadır ve Amerika Birleşik Devletleri, Rusya, Almanya, Kanada, Japonya, Çin, Fransa, Hindistan, Kenya ve daha fazlası olmak üzere 23 ülkeye 102'dan fazla rahip atamıştır.

En çok satanlar listesinde Ölümden Önce Sonsuz Yaşamı Tatma, Hayatım ve İmanım I&II, Çarmıhın Mesajı, İmanın Ölçüsü, Göksel Egemenlik I&II, Cehennem, Uyan İsrail, Tanrı'nın Gücü olmak üzere, bu kitabın yayınlanış tarihi itibarıyla 104 kitap yazmış ve kitapları 76'den fazla dile çevrilmiştir.

Dini makaleleri The Hankook Ilbo, The JoongAng Daily, The Chosun Ilbo, The Dong-A Ilbo, The Munhwa Ilbo, The Seoul Shinmun, The Hankyoreh Shinmun, The Kyunghyang Shinmun, The Korea Economic Daily, The Korea Herald, The Shisa News, ve The Christian Press dergi ve gazetelerinde yayınlanmaktadır.

Dr. Lee şu anda birçok misyonerlik kuruluşu ve derneğinin önderidir. Bunlardan bazıları şunlardır: Kore Birleşmiş Kutsallık Kilisesi Yöneticisi (The United Holiness Church of Jesus Christ); Dünya Hristiyanlığı Diriliş Misyon Kuruluşu (The World Christianity Revival Mission Association) Daimi Başkanı; Global Hristiyan Network (GCN – Global Christian Network) Kurucusu ve Yönetim Kurulu Başkanı; Dünya Hristiyan Doktorları (WCDN – The World Christan Doctors Network) Kurucusu ve Yönetim Kurulu Başkanı; Manmin Uluslararası Seminer (MIS-Manmin International Seminary) Kurucusu ve Yönetim Kurulu Başkanı.

Aynı yazar tarafından kaleme alınmış diğer etkili kitaplar

Göksel Egemenlik I & II

Göksel ahalinin keyfine vardığı muhteşem güzellikte ki yaşama ortamının detaylı bir taslağı ve göksel egemenliğin farklı katlarının güzel bir açıklaması.

Hayatım ve İmanım I & II

Karanlık dalgalar, evlilik sorunları ve derin çaresizliklerle geçen yaşamı, Tanrı'nın sevgisiyle tekrar doğan ve okuyucularına hoş kokulu ruhani aroma yayan Dr. Jaerock Lee'nin otobiyografisi.

Ölümden Önce Sonsuz Yaşamı Tatma

Tekrar doğarak ölümün vadisinden kurtulan ve örnek bir Hristiyan hayatının öncülüğünü yapan Rahip Dr. Jaerock Lee'nin şahitlik eden biyografisi.

İmanın Ölçüsü

Sizin için gökler nasıl bir yer, ne tip bir taç ve ödül hazırlandı? Bu kitap sizlere imanınızı ölçebilmeniz ve en iyi ve en olgun imana sahip olabilmeniz için bilgi ve rehberlik sağlar.

Cehennem

Tek bir canın bile cehennemin derinliklerine düşmesini arzu etmeyen Tanrı'dan tüm insanlığa içten bir mesaj! Aşağı ölüler diyarı ve cehennemin daha önce hiç açıklanmamış acımasız gerçeğini keşfedeceksiniz.

www.urimbooks.com

www.ingramcontent.com/pod-product-compliance
Lightning Source LLC
LaVergne TN
LVHW021815060526
838201LV00058B/3392